0 fr. 50

BIBLIOTHÈQUE SOCIALISTE

BABEUF

LA DOCTRINE DES ÉGAUX

EXTRAITS DES ŒUVRES COMPLÈTES

PUBLIÉS PAR

ALBERT THOMAS

PARIS

PUBLICATIONS DE LA SOCIÉTÉ NOUVELLE DE LIBRAIRIE & D'ÉDITION

(ANC¹ RUE CUJAS)

EDOUARD CORNÉLY & Cⁱᵉ, ÉDITEURS

101, rue de Vaugirard, 101

1906

LA DOCTRINE DES ÉGAUX

BIBLIOTHÈQUE SOCIALISTE. N° 37.

BABEUF

LA DOCTRINE DES ÉGAUX

EXTRAITS DES ŒUVRES COMPLÈTES

PUBLIÉS PAR

ALBERT THOMAS

PARIS

PUBLICATIONS DE LA SOCIÉTÉ NOUVELLE DE LIBRAIRIE & D'ÉDITION

EDOUARD CORNÉLY & Cⁱᵉ, ÉDITEURS

101, rue de Vaugirard, 101

1900

AVANT-PROPOS

Le nom de Babeuf est un des plus populaires de notre histoire socialiste ; la conspiration des Egaux est un de ses épisodes les plus célèbres. Ces souvenirs sont justifiés : c'est par la tentative babouviste que le socialisme est entré dans notre histoire ; c'est aux Egaux que par Buonarroti et Blanqui les socialistes d'aujourd'hui peuvent faire remonter leurs origines.

Et cependant, les propagandistes, les militants, tous ceux qui voudraient, pour mieux convaincre, montrer la continuité de notre pensée ou de notre œuvre, ou qui aimeraient à s'autoriser des vieilles formules, spontanées et vigoureuses, n'ont à leur disposition ni une histoire du babouvisme, ni des extraits commodes et de prix accessible, des œuvres babouvistes. Ce n'est plus que dans les bibliothèques qu'on peut consulter l'ouvrage de Buonarroti ou celui d'Advielle. Et c'est à peine si l'on retrouve, de temps à autre, chez les bouquinistes des quais, les éditions populaires faites par Charavay ou par Ranc du premier de ces livres. Quant aux journaux ou aux brochures de Babeuf, je ne sache pas qu'on en ait encore jamais fait des extraits, ni des réimpressions.

Mais était-il utile d'en faire ? La pensée babouviste n'est-elle point depuis longtemps dépassée ? Bien des théories des Égaux ne sont-elles pas périmées ? Et les solutions indiquées par eux peuvent-elles en rien convenir à notre société industrialisée ? — Tout cela est indéniable. Mais il nous a paru aussi que bien des critiques faites par Babeuf de la société de son temps restaient exactes pour la nôtre ; que sa théorie du droit naturel, si elle n'est pas originale et si elle fut souvent mieux développée, gardait encore une réelle force, parce qu'il en fit le premier une revendication des prolétaires ou des « plébéiens », comme il disait ; enfin et surtout que son effet pour réaliser le communisme dans la démocratie politique et par elle, était pour nous encore presque contemporain.

Nous avons divisé ces extraits en trois parties. Leur ordre logique coïncide le plus souvent avec l'ordre chronologique.

On se souvient que Babeuf était né en 1760, à Saint-Quentin, et qu'après une jeunesse assez pénible, il devint commissaire à terrier. Le commissaire à terrier était chargé par les seigneurs de maintenir contre toute prescription ou envahissement les droits féodaux inscrits dans leur *terrier*, et d'en surveiller l'observance. En 1785, Babeuf commença d'écrire.

Sous le titre *Le Droit naturel*, on trouvera dans la première partie de ces extraits l'exposé des idées communistes que le petit commissaire à terrier, souvent bousculé par les nobles, empruntait à la philosophie du XVIII siècle. A ces idées, que ses sentiments égalitaires et sa connaissance des souffrances paysannes lui faisaient adopter, il demeura fidèle toute sa vie.

On peut les résumer d'une manière simple et cohérente, et qui montre bien l'unité de son effort. Selon le droit de nature, les hommes sont égaux ; ils ont droit à une part égale des fruits de la terre. Or l'état de société est contraire à ce droit de nature : la grande majorité vit dans le travail et l'indigence, quelques-uns dans l'oisiveté et le luxe. Mais si un tel état a pu s'établir, c'est que quelques hommes ont pu égarer les autres, en leur inculquant des *préjugés*, en leur faisant croire que leur propre travail était vil et méprisable. Détruisons donc ces préjugés, éclairons les hommes, et ils revendiqueront leurs droits. Que les riches y prennent garde d'ailleurs : il y a des moments où l'excès de misère suffit à rappeler aux hommes leurs droits imprescriptibles : et leur éducation révolutionnaire alors devient facile.

Babeuf tentera donc d'éclairer le peuple, car la connaissance de ses droits le conduira à établir la loi agraire. Telles sont les idées qui ressortent des premiers passages que nous avons groupés : ils furent écrits pour la plupart de 1785 à 1790. Ils sont extraits de la correspondance avec Dubois de Fosseux, académicien d'Arras, ou du *Cadastre perpétuel*, publié en 1789. Un seul passage est postérieur.

Mais la Révolution a éclaté : en deux années, elle a presque anéanti tout le système féodal : et Babeuf, en Picardie, a vigoureusement lutté pour hâter cette destruction. L'assemblée législative va se réunir : on sent bien que l'œuvre révolutionnaire n'est pas achevée, que le mouvement va continuer. Comment, dans cette Révolution, réaliser la loi agraire, le communisme? Voilà ce que Babeuf va chercher pendant quatre années.

En 1792, il espère orienter insensiblement l'œuvre révolutionnaire vers la loi agraire : la démocratie politique doit nécessairement y aboutir ; une politique habile et prudente l'y conduira. C'est ce que marque la lettre écrite à Coupé (de l'Oise). En fait, bientôt après, la Constitution de 1793, le collectivisme spontané de la défense révolutionnaire, les mesures de la Convention et de la Commune de Paris, tout peut faire croire que cette évolution s'accomplit. — Babeuf, sans doute, y travaillerait ferme, s'il n'avait dès alors commencé sa vie d'enfermé, d'éternel prisonnier, si les poursuites pour une affaire de faux, habilement machinée, ne pesaient sur lui. Lorsqu'il peut lutter de nouveau, l'heure de la réaction a sonné. Désespérément il tente de réveiller l'opinion qui s'endort, de rappeler au peuple ses droits imprescriptibles. Il cherche à lui bien montrer où tendait la Révolution ; il cherche à démontrer à tous que la Révolution n'est point faite, tant que le peuple est misérable : qu'il n'y a point de République sans « bonheur commun », sans « communisme ». On verra, dans nos extraits, comment, au jour le jour, avec des erreurs, avec des retours, mais fidèle toujours à son idée de derrière la tête, il interprète, du point de vue socialiste, le développement révolutionnaire. La plupart de) s extraits proviennent du journal de Babeuf : *Journal de la liberté de la presse*, puis *Tribun du Peuple*. Nous y avons joint la note célèbre de la brochure contre Carrier, dans laquelle Babeuf expose nettement son communisme.

Enfin : l'opinion publique ne s'est point réveillée ; le peuple est abattu. Il faut faire un dernier effort. C'est celui de la Conspiration des Egaux (1796). Nous avons réuni dans une troisième partie quelques-unes des pièces les plus célèbres de la Conspiration, encore qu'elles ne soient point de Babeuf. Le Manifeste des Egaux fut rédigé par Sylvain Maréchal ; et Babeuf ne l'approuvait pas complètement. De Sylvain Maréchal était également la chanson nouvelle à l'usage des faubourgs. Même l'analyse de la doctrine du *Tribun* n'avait point été rédigée par lui ; il en avait cependant approuvé l'impression et l'affichage.

On sait que le mouvement échoua : l'organisation secrète des Egaux, leurs projets de renverser le Gouvernement du Directoire, de rappeler une Convention, de reprendre la politique sociale de 93 et de la développer jusqu'au communisme, tout cela fut dénoncé au ministre Carnot par un traître, l'officier Grisel. Le 10 mai 1796, les Egaux furent arrêtés. Ils furent jugés par la Haute-Cour, réunie à Vendôme. Babeuf et Darthé furent condamnés à mort et exécutés (29 mai 1797). Mais leur ami Buonarroti transmit aux révolutionnaires du xixe siècle leurs pensées et leurs projets.

BIBLIOGRAPHIE

La collection des brochures, des journaux, des lettres, des manifestes, écrits par Babeuf est considérable.

Nous nous bornerons à indiquer les quelques œuvres suivantes, dont nous avons tiré les présents extraits :

Correspondance avec Dubois de Fosseux, 1785-1788, publiée dans le tome II de l'*Histoire de Gracchus Babeuf et du Babouvisme*, par Advielle.

Cadastre perpétuel, publié avec la collaboration de M. Audiffred. Paris, 1789.

Du système de dépopulation, ou la vie et les crimes de Carrier. Paris, an III.

Journal de la Liberté de la Presse (n°ˢ 1 à 22, 17 fructidor an II-vendémiaire an III) et *Tribun du Peuple* (n°ˢ 23 à 43, du 14 vendémiaire an III au 5 floréal an IV).

Sur Babeuf, et sur la conspiration des Égaux, on doit consulter :

Procès de Babeuf. Paris et Vendôme. 10 vol. in-8.

Buonarroti. *Conspiration pour l'Égalité dite de Babeuf*. Bruxelles 1828. 2 vol. in-8.

V. Advielle. *Histoire de Gracchus Babeuf et du Babouvisme*. Paris 1884, 2 vol. in-8.

« Lorsqu'on en sera re-
venu à songer de nouveau
aux moyens de prouver au
genre humain le bonheur
que nous lui proposions, tu
pourras rechercher dans
ces chiffons et présenter à
tous les disciples de l'Égalité... la collection mitigée
des derniers fragments qui
contiennent tout ce que
les corrompus d'aujour-
d'hui appellent mes rêves. »

*Lettre écrite de prison à
Félix Lepeletier, le 26 mes-
sidor an IV, 14 juillet 1796.*

LA DOCTRINE DES ÉGAUX

I

LE DROIT NATUREL

PENSÉES ÉGALITAIRES

Un nouveau code [1] qui ne contiendrait d'autre changement que celui de faire cesser de défendre dans telle province ce qui est légitime dans telle autre ne pourrait être qu'un bien petit palliatif pour un très grand mal. Il n'empêcherait pas que mes enfants ne naquissent pauvres et dénués, tandis qu'en ouvrant les yeux au jour, ceux de mon voisin le millionnaire regorgeraient de tout. Il n'empêcherait pas que ce voisin, enflé de son immense fortune, ne me méprisât souverainement par la seule raison que je ne serais qu'un malheureux affaissé sous le poids de l'indigence.....

Mais que j'aime le Réformateur général. C'est bien dommage qu'il laisse ses moyens en blanc. Puisse-t-il avoir bientôt sa souscription remplie,

1. Dubois de Fosseux, secrétaire de l'Académie d'Arras, avec qui Babeuf était en correspondance, avait parlé dans ses précédentes lettres, du projet, fort agité à la fin du XVIII⁰ siècle, d'un code uniforme pour toutes les provinces, et d'un vaste plan de réforme sociale, conçu par un auteur dont il ne dit pas le nom, mais qui semble un de ces programmes utopiques, que les lettrés d'alors se plaisaient à élaborer.

pour qu'il nous couvre ce blanc. Il est sûr que son plan embrasse tous les objets, et je ne vois pas, tout examiné, qu'il y aurait encore, tous ses arrangements une fois posés, d'autre crime à punir que celui de manquer à un travail commun, sans doute, pour toute l'universalité de la société. Il faudrait probablement, pour tout cela, que les rois déposassent leurs couronnes, et toutes les personnes titrées et qualifiées, leurs dignités, leurs emplois, leurs charges. Mais, qu'à cela ne tienne. Il faut, pour opérer une grande révolution, exécuter de grands changements. Que veulent dire, au surplus, toutes ces qualifications extravagantes ? Sont-elles autre chose que des expressions vaines et chimériques inventées par l'orgueil, et confirmées par la bassesse ? Doit-il y avoir les moindres distinctions entre les hommes ? Pourquoi accorder plus de considération à celui qui porte une épée qu'à celui qui l'a su forger ? La nature, en donnant l'essor à notre espèce, a-t-elle ordonné qu'elle subît d'autres lois que celles tracées pour toutes les autres sortes d'être animés ? A-t-elle voulu qu'un individu fût moins bien nourri, moins bien logé qu'un autre ? Est-il vraisemblable que cela ait pu se pratiquer dans les premiers âges du monde ? La connaissance moderne que nous avons des mœurs naturelles de nos frères les Américains, avant qu'en découvrant leur paisible contrée, nous les ayons traités si mal, ne démentirait-elle point une pareille assertion ?

Le premier qui, ayant enclos un terrain, dit

l'auteur d'Emile, s'avisa de dire : *Ceci est à moi*, fut le premier auteur de tous les maux qui affligèrent l'humanité. Jean-Jacques dit ailleurs que ces maux donnèrent lieu à l'invention de toutes les connaissances que nous avons depuis acquises. Mais Jean-Jacques prétend que tout cet acquit n'a fait que nous rendre moins heureux que dans le premier état de nature ; en conséquence, il semble vouloir nous y renvoyer, pour nous procurer le meilleur bien-être dont nous puissions jouir.

Il me semble que notre Réformateur fait plus que le citoyen de Genève, que j'ai ouï traiter quelquefois de rêveur. Il rêvait bien, à la vérité, mais notre homme rêve mieux. Comme lui il prétend que les hommes étant absolument égaux, ils ne doivent posséder rien en particulier, mais jouir de tout en commun, et de manière qu'en naissant, tout individu ne soit ni plus ni moins riche, ni moins considéré qu'aucun de ceux qui l'entourent. Mais loin de nous renvoyer, comme M. Rousseau, pour exister ainsi, au milieu des bois, nous rassasier sous un chêne, nous désaltérer au premier ruisseau, et nous reposer, sous ce même chêne, où nous avons trouvé d'abord notre nourriture, notre réformateur nous fait faire quatre bons repas par jour, nous habille très élégamment et donne à chacun de nous autres, pères de famille, de charmantes maisons de mille louis [1]. C'est la

---

1. Ce sont les détails de l'utopie que Dubois de Fosseux avait résumée.

avoir bien su concilier les agréments de la vie sociale avec ceux de la vie naturelle et primitive.

Eh bien ! vivat pour moi! je suis décidé à être un de ces premiers émigrants qui iront peupler la nouvelle république. Je ne ferai pas de difficulté de m'arranger à tout ce qu'on y observera, pourvu que j'y puisse vivre heureux, content, sans inquiétude sur le sort de mes enfants, ni sur le mien.

Si, étant ici, je fais mon état d'écrire, je serai enchanté de ne me trouver plus dédaigné par ceux qui, par des professions prétendues plus distinguées chez nous, se croient autorisés à ne me donner que des regards qui semblent annoncer la protection, et de mon côté, il ne me fera point de peine de traiter à égal l'artisan qui me frisera, ou celui qui me fabriquera des souliers. Cela doit être ainsi dans le fait. Ne faut-il pas nécessairement qu'il y en ait de ces utiles artisans ? Si leur goût ou leurs dispositions naturelles les a portés plutôt vers ces professions que vers l'étude des lois, doivent-ils être vus dans la société comme des individus moins intéressants que celui dont le penchant ou les facultés quelconques ont porté vers la magistrature ?

Tout le monde ne peut pas être magistral, et tel qui est parvenu à le devenir, a eu moins de peine peut-être que tel malheureux ouvrier, envers qui la nature fut ingrate, n'en eut à apprendre le métier le plus simple. Est-ce la faute de ce dernier s'il n'a point reçu, en naissant, de dis-

positions plus heureuses? Doit-il, pour cela,
jouir de moins d'avantages que si le sort avait
permis qu'il eût été capable de gouverner en
chef toute la république. Il n'a su apprendre qu'à
tricoter? Eh bien! il fera des bas pour les la-
boureurs, pour les cuisiniers, pour les vigne-
rons, pour les fabricants d'étoffes, pour les
cordonniers, pour les perruquiers, pour les
maçons, pour les hommes de loi, et ceux-ci en
retour lui procureront le pain, la bonne chère,
le vin, les habits, les souliers, la frisure, le lo-
gement et la conservation en général de tous
ses droits.

Il en sera de même réciproquement pour tous
les états; et j'espère que de cette manière
chacun sera parfaitement content.

On a écrit, il y a quelques années, contre les
progrès excessifs du luxe. On se plaignait que
tous les rangs étaient confondus; qu'il n'était
plus possible de distinguer, par le costume, un
grand seigneur d'avec un manant, et l'on a pro-
posé, pour mettre un frein à ce prétendu abus,
d'établir un signe distinctif, adapté sur les
habits, pour chaque rang, signe d'ailleurs ex-
pressif et même explicatif de l'état de chaque
particulier, tel que pour le noble, l'empreinte
d'une épée; l'épicier, l'image d'un pain de sucre;
le marchand d'huile, un baril d'anchois; le rô-
tisseur, une oie; le serrurier, une enclume; le
tailleur, des ciseaux, etc.

J'espère que quand notre nouvelle République sera formée, on n'agitera plus de semblables questions, puisque tous les états utiles

(et il n'y en aura plus sûrement que de tels) seront également honorables.

(Correspondance avec Dubois de Fosseux,
Adoielle, II, 193 et sq.)

L'ÉTAT NATUREL ET L'ÉTAT DE SOCIÉTÉ

Dans l'état naturel, tous les hommes sont égaux. Il n'est personne qui ne convienne de cette vérité. Pour justifier l'extrême inégalité des fortunes dans l'état de société, on a dit cependant que, même dans l'état sauvage, tous les individus ne jouissaient pas rigoureusement d'une égalité absolue, parce que la nature n'avait point départi à chacun d'eux les mêmes degrés de sensibilité, d'intelligence, d'imagination, d'industrie, d'activité et de force ; point par conséquent les mêmes moyens de travailler à leur bonheur et d'acquérir les biens qui le procurent. Mais si le pacte social était véritablement fondé sur la raison, ne devrait-il point tendre à faire disparaître ce que les lois naturelles ont de défectueux et d'injuste ? Si par la force ou par tout autre moyen, je fais que je puis parvenir à arracher des mains de mon frère la proie qu'il s'est procurée pour assouvir sa faim instantanée, la loi de société ne doit-elle pas m'imposer la défense de cet acte barbare, et m'apprendre que je ne dois pas chercher de subsistance que celle qu'aucun autre ne s'est encore appropriée pour son usage individuel ? Ne doit-elle pas m'engager même à partager l'avantage de mes facultés supérieures, avec celui qui, en naissant, n'a point été assez favorisé pour que le germe des mêmes facultés eût été également implanté dans son être ?

Au lieu de cela, les lois sociales ont fourni à l'intrigue, à l'astuce et à la souplesse, les moyens de s'emparer adroitement des propriétés communes. L'homme naturel ne faisait que des provisions quotidiennes, et par là, laissait aux autres les moyens de trouver aussi constamment toutes les choses qui leur étaient également nécessaires. S'il en eût été autrement, et qu'un seul individu se fut avisé de vouloir emmagasiner, ses compagnons se fussent crus en droit d'exercer le pillage sur ses amas, pour réprimer une ambition, dont l'exemple eût pu devenir funeste.

Mais il n'en a pas été de même de l'homme prétendu civilisé : il a pu accaparer impunément pour lui seul ce qui pouvait fournir au soutien de plusieurs milliers de ses semblables. Rien n'a fixé les bornes des richesses qu'il fut permis d'acquérir. A l'aide de faux préjugés, on a ridiculement exalté le mérite et l'importance de certaines professions desquelles, au vrai, l'utilité n'était, pour la plupart, qu'illusoire et chimérique.

Ceux qui les ont exercées n'en sont pas moins parvenus à se mettre en possession de tout : tandis que les hommes réellement essentiels par leurs travaux indispensablement nécessaires, en ont vu les salaires réduits presque à rien.

Mais ce n'est point là où s'est borné le mal ; ces travaux sont devenus une ressource absolument insuffisante pour chaque individu. Tout ayant concouru à ce que les petites fortunes s'engouffrent dans les grandes, le nombre des ouvriers s'est excessivement accru. Non seulement il en est résulté que les mêmes salaires ont pu être diminués de plus belle, mais qu'une très grande quantité de citoyens s'est vue dans l'impossibilité de trouver à s'occuper même moyennant la faible rétribution fixée par la tyrannique et impitoyable opulence, et que le malheur avait impérieusement forcé l'industrieux artisan d'accepter.

Cependant le refrain ordinaire des gens qui regorgent est d'envoyer au travail l'importun qui, poussé par les sollicitations fâcheuses des plus pressants besoins, vient réclamer auprès d'eux le plus petit secours. L'œil du Crésus, blessé par l'aspect vraiment excitatif d'effroi, vraiment épouvantable, des malheureux haillons qui, chez le pauvre, remplacent toutes les décorations extérieures, de tout le triste ensemble qui constitue ces pitoyables livrées, de la défigurante pâleur et du coloris hideux de son visage noyé de larmes ; l'œil du Crésus, disons-nous, blessé par un tel tableau, non parce que son âme, aucunement accessible à la pitié, s'en trouve tant soit peu émue, mais parce qu'il se sent contrarié de ne point voir tous objets riants, écarte et se débarrasse froidement et sans gêne de l'infortuné. *On l'envoie au tra-*

vail! Mais où est-il donc si prêt à prendre, ce travail?

(Cadastre perpétuel, p. XXVI et sq.)

PRÉJUGÉS SOCIAUX ET DROIT NATUREL

L'ordre naturel peut être défiguré, changé, bouleversé, mais son entière destruction tend à le reproduire. Si, après que la plupart des hommes ont été dépouillés de toute ressource foncière, ils se le voient encore des moyens de se tirer d'affaires par le travail, quel parti prendront-ils? IL FAUT RESPECTER LES PROPRIÉTÉS! Mais, si sur vingt-quatre millions d'hommes il s'en trouve quinze qui n'aient aucune espèce de propriété, parce que les neuf millions restants n'ont point respecté assez leurs droits pour leur assurer même les moyens de conserver l'existence? il faut donc que les quinze millions se décident à périr de faim pour l'amour des neuf, en reconnaissance de ce qu'ils les ont totalement dépouillés? Ils ne s'y décideront pas très volontiers sans doute, et probablement il vaudrait mieux que la classe opulente s'exécutât envers eux de bonne grâce, que d'attendre leur désespoir.

Quelqu'un l'a déjà dit: *Tout homme doit trouver sûrement à s'occuper, et les lois doivent veiller à ce que sa rétribution soit suffisante pour le faire vivre.*

Nous allons nous répéter nous-même: ce n'est que par l'opinion qui a assigné des récompenses à certains emplois, qu'un petit nombre d'hommes est parvenu à tout envahir. L'influence du régime féodal et des artifices du clergé tient à cette remarque. La disproportion des fortunes n'aurait pas été portée à un excès aussi révoltant si on eût toujours été persuadé que tous les états se valent quand ils ont pour objet l'utilité commune, et *que tout homme qui a des vertus honore son métier.*

C'est donc les préjugés, enfants de l'ignorance, qui ont fait en tout temps le malheur des races humaines. Sans eux, tous les individus eussent senti leur dignité ; tous eussent vu que la société n'est qu'une grande famille dans laquelle les divers membres, pourvu qu'ils concourent, chacun suivant ses facultés physiques et intellectuelles, à l'avantage général, doivent avoir des droits égaux. La terre, mère commune, eût pu n'être partagée qu'à vie, et chaque part rendue inaliénable ; de sorte que le patrimoine individuel de chaque citoyen eût toujours été assuré et imperdable. Dans une contrée comme la France, où, d'après la moyenne proportionnelle des résultats des différents calculs pour l'étude totale du terrain en culture, il peut se trouver environ soixante-six millions d'arpents, de quel joli manoir chaque chef de ménage n'aurait-il pas pu jouir ?

En supposant quatre personnes par chaque ménage, la division de vingt-quatre millions d'habitants, à quoi on fait monter la population de l'Empire français, donne six millions de familles : conséquemment chaque manoir eût été de *onze arpents.*

Avec une telle étendue de fonds bien cultivée, dans quelle honnête médiocrité n'eût-on pas été maintenu ? quelle candeur, quelle simplicité de mœurs, quel ordre invariable n'eussent pas régné parmi le peuple qui aurait adopté une forme si véritablement sage, si exactement conforme aux lois générales tracées par la nature, que notre seule espèce s'est permis d'enfreindre ?

Les lois contraires n'ont prévalu que parce que les hommes ont manqué de lumières. Toutes les institutions sociales ont eu pour principe universel que, pourvu qu'un être humain n'arrachât pas à force ouverte les biens dont son égal pouvait être investi, il était permis, du reste, d'employer réciproquement toutes les ruses imaginables pour se soutirer ces mêmes biens des mains les uns des autres. Tel est, dans le fait, l'esprit de nos formes. Qui mieux qu'un autre fait jouer d'intrigues, devient, à coup sûr le plus heureux ou tout au moins, le plus puissant de ses frères. Celui qui combine mal devient misérable, et, du concours des bonnes et mauvaises chances, on a formé nous ne savons pas quelle espèce d'idée vague contenue dans les mots *sort de la fortune.*

On a vu qu'il eût été possible que ce mot fût à toujours ignoré ; que l'état constant des citoyens eût pu être assuré indépendamment des caprices du hasard.

Tout ce que nous venons de rendre développe que c'est illégitimement que tout homme jouit d'un bien-être disproportionnément supérieur à celui de la part d'avantages qui lui revient dans les rapports du produit du pays qu'il habite combinés avec le nombre d'habitants de ce même pays. L'ordre en est troublé : car la nature, économe de ses dons, ne produit qu'à peu près ce qui est utile à tous les êtres qu'elle crée ; et quelques-uns ne peuvent pas jouir d'un superflu sans que d'autres manquent du nécessaire.

Ainsi, c'est donc par usurpation que des hommes possèdent inviduellement plusieurs parts de l'héritage commun. Nous ne pensons pas devoir prétendre à réformer le monde, au point de vouloir rétablir exactement la primitive égalité : mais nous tendons à démontrer que tous ceux qui sont tombés dans l'infortune auraient le droit de la redemander, si l'opulence persistait à leur refuser des secours honorables et tels qu'ils puissent être regardés comme devant convenir à des *égaux* ; tels encore qu'ils ne permettent plus que ces mêmes égaux pussent retomber dans l'indigence révoltante où les maux accumulés des siècles précédents les ont réduits dans le moment actuel.

Nous voici ramenés au point de pouvoir mieux justifier la réponse à faire par les victimes de l'infortune à cette demande de nos durs et orgueilleux satrapes : *A quel titre ceux qui ne possèdent rien peuvent-ils exiger tant d'avantages de ceux qui possèdent tout ? A ce compte, le sort des uns ne sera point préférable à celui des autres.*

A quel titre ?... Mais, Messieurs, par leur

qualité d'hommes, par le droit qu'a tout pupille devenu majeur de revendiquer des dépouilles qu'un tuteur infidèle a eu la lâcheté de lui ravir. Vous êtes ces tuteurs indignes ; le peuple, aujourd'hui parvenu en âge de raison, a été jusqu'ici soigneusement conservé dans un état de perpétuelle adolescence et de fatale inertie, qui lui a fait méconnaître ses droits. Vous l'avez environné de prestiges ; vous l'avez garrotté, au physique et au moral, par une foule de machinations grotesques et barbares. Au lieu de lui laisser apprendre tout ce qu'il était nécessaire qu'il sût pour conserver ses légitimes avantages dans l'état de société, vous l'avez occupé de superstitions, de pratiques minutieuses, de ridicules idées propres à égarer son entendement. Vous vous êtes fait un plan d'éducation qui a toujours tendu à propager l'extrême misère, à pouvoir parvenir à pressurer continuellement les sueurs du malheureux, et vous avez eu soin de lui donner des notions telles qu'il ne croyait pas devoir se plaindre de vos perfidies, telles qu'il n'imaginait même pas que vous n'étiez point fondés à les commettre. *C'est*, en un mot, *du contraste établi entre l'éducation du pauvre et la vôtre*, que vous êtes parvenus à rendre ce dernier tel, et que vous vous êtes formés à vous-même ces cœurs durs et impitoyables qui vous font supporter le spectacle de vos semblables périssant de faim, tandis que vous nagez dans les superfluités et les délices.

(*Cadastre perpétuel*, pp. XXIX-XXXVI).

L'ACCAPAREMENT DES BIENS

Je vois, sans chemises, sans souliers, sans habit, presque tous ceux qui font pousser le lin et le chanvre, presque tous ceux qui mettent en état d'être employées, soit ces matières textiles, soit la laine, ou la soie, presque tous ceux qui tissent, qui font la toile et les étoffes, qui donnent la préparation aux cuirs, qui confectionnent les chaussures. Je vois également manquer à peu près de tout ceux qui travaillent mensuellement aux meubles, aux ustensiles de métier ou de ménage, aux bâtiments, etc., etc.

Si j'observe ensuite la faible minorité qui ne manque de rien, en dehors des propriétaires terriens, je la vois composée de tous ceux qui ne mettent pas la main à la pâte, de tous ceux qui se contentent de calculer, de combiner, de travestir, de raviver et rajeunir, sous des formes toujours nouvelles, le très vieux complot de la partie contre le tout, je veux dire le complot à l'aide duquel on parvient à faire remuer une multitude de bras sans que ceux qui les remuent en retirent le fruit destiné, dès le principe, à s'entasser en grandes masses sous la main de criminels spéculateurs, lesquels après s'être entendus pour réduire sans cesse le salaire des travailleurs, se concertent, soit entre eux, soit avec les distributeurs de ce qu'ils ont entassé, les marchands, leurs co-voleurs, pour fixer le taux de toutes choses, de telle sorte que ce taux ne soit à la portée que de l'opulence des membres de leur ligue, c'est-à-dire de ceux qui sont comme en position d'abuser des moyens d'accumuler les signes représentatifs et de s'emparer de tout.

Dès lors ces innombrables mains desquelles tout est sorti, ne peuvent plus atteindre à rien, toucher à rien, et les vrais producteurs sont voués au dénûment, ou du moins le peu qu'on leur laisse n'est que la grosse écume, ou le très maigre gratin des produits de la nature. (*Lettre de Babœuf à Germain, 10 thermidor an III. Advielle, I, 115-116*).

L'ÉDUCATION : SA VALEUR RÉVOLUTIONNAIRE.

Il est démontré que, dans une société d'hommes, il faudrait nécessairement, ou point du tout *d'éducation*, ou que tous les individus pussent également en avoir. Tant qu'il en sera autrement, les plus fins tromperont toujours ceux qui le seront moins ; ce qui a été nous répond de ce qui pourra être. Si les hommes avaient toujours eu tous une égale éducation, s'ils n'avaient point été asservis aux sots préjugés qui les ont si longtemps empêchés de connaître ce qu'ils étaient et ce qu'ils valaient, jamais le grand nombre ne se serait soumis à ce que le petit osât lui imposer des chaînes flétrissantes, dont le temps a un peu diminué le poids, mais desquelles il n'a point entièrement effacé les traces. Jamais ce qu'on a appelé le *Tiers-*

État n'eût été condamné à ne pouvoir que souffrir, pour faire jouir ceux qui ont prétendu
s'ériger en premiers ordres ; jamais il n'y aurait eu de Tiers-Etat ; jamais il n'y aurait eu
qu'un ordre.

> Les mortels sont égaux ; ce n'est point la naissance
> C'est la seule vertu qui fait leur différence.

En résumant, par la raison que l'éducation est
en règne dans notre siècle, il est très intéres-
sant de s'arrêter à celle du peuple, ne fût-ce que
pour le mettre à portée de défendre ce qui lui
reste de droits contre les désirs arbitraires de
l'intrigue éclairée, qui aurait trop beau jeu si
elle n'avait à lutter que contre son ignorance.
La culture des terres sera très éloignée d'en
souffrir. Les consuls de Rome étaient sans
doute des hommes qui avaient de l'*éducation* ;
cependant, ils étaient la plupart de bons et
assidus agricoles, qui ne se détachaient du soc
de la charrue que pour prendre le gouvernement des armées.

L'éducation au surplus est devenue parmi
nous une espèce de propriété à laquelle chacun
a droit de prétendre. Nos usages l'ont rendue
nécessaire pour l'éducation de nos mœurs. Elle
nous met dans le cas de connaître ce qu'il est
le plus essentiel de n'ignorer pas. Elle nous
mène dans la vie pour aimer et chercher la
vertu. Elle nous délivre d'une stupidité et d'une
foule de préjugés les plus dangereux. Elle nous
montre quels sont les droits de l'homme. Elle

nous fait mieux percevoir les idées du juste et de l'injuste. Elle nous fait, sans autres secours étrangers, mériter d'être revêtus d'emplois, que, sans elle, la faveur convoiterait vainement.

Elle peut servir à réveiller en nous la vertu du patriotisme qui, avant l'heureuse révolution qui se prépare, était, on le sait, tombée dans le dernier discrédit.....

A la forme suivie pour éduquer les hommes est attachée la source du destin des nations. Les esprits dominateurs ont toujours trop bien senti cette maxime de politique. De même que le défaut de lumières a donné lieu aux usurpations artificieuses de l'imposture, a permis l'élévation si funeste de l'hydre féodale, a, par dérision à nature, créé des champs nobles et des hommes nobles, a laissé naître la loi infanticide de l'aînesse, si propre à maintenir l'abus des fortunes excessives : de même le recouvrement des lumières pourra seul réhabiliter l'homme dans l'état honorable qui lui est propre, et faire disparaître tous les maux qui sont résultés de la propagation des divers fléaux contre lesquels nous nous sommes élevés.

Ce serait encore, de la part du peuple, par une suite déplorable de l'ignorance de ses droits, qu'il consentirait aujourd'hui à accepter comme secours ce qu'il est fondé à réclamer à titre de restitution.

Il est une foule d'institutions existantes qu'un peuple instruit ne supporterait pas. Mille faisceaux resplendissants lui feraient peut-être entrevoir des vérités importantes à son bonheur.

Il parviendrait surtout à celle de savoir se connaître et s'estimer. Il jugerait que les frivoles distinctions qui en ont si longtemps imposé ne sont que de pures chimères, et que l'homme qui a bien mérité de ses pareils est le seul qu'on doive distinguer.

Qui sert bien son pays n'a pas besoin d'aïeux.

(Cadastre perpétuel, pp. XLI-XLV.)

II

LE COMMUNISME DANS LA RÉVOLUTION

DÉMOCRATIE POLITIQUE ET SOCIALISME

> *Le but de la Société est le bonheur commun.*
>
> *Le but de la Révolution française est aussi le bonheur commun.*
>
> (*Prospectus du Tribun du Peuple*.)

L'événement de votre nomination, citoyen[1], n'est pas dans mon cercle visuel un petit événement. Je sens le besoin irrésistible de m'arrêter pour en calculer les suites.

Je réfléchis sur ce qu'on peut attendre de celui qui a prêché à des sourds ces vérités mémorables, qui ont eu au moins l'effet de me convaincre que pour lui, il en était rempli : *Qu'il fallait se pénétrer de ces grands principes sur lesquels la société est établie : l'Égalité primitive, l'Intérêt général, la Volonté commune qui décrète les lois et la Force de tous qui constitue la souveraineté.*

Frère ! le précepte de la loi ancienne : *Aime ton prochain comme toi-même* ; la sublime ma-

---

1. Babeuf adresse cette longue lettre à Coupé (de l'Oise) qui venait d'être élu député à l'Assemblée législative.

xime du Christ : *Faites à autrui tout ce que vous voudriez qui vous fût fait ;* la constitution de Lycurgue, les institutions les plus belles de la république romaine, je veux dire *la loi agraire ;* vos principes que je viens de retracer ; les miens que je vous ai consignés dans ma dernière lettre, et qui consistent à assurer à tous les individus premièrement la subsistance, en second lieu, une éducation égale ; tout cela part d'un point commun, et va encore aboutir à un même centre.

Et ce centre est toujours le but unique où tendront toutes les constitutions de la terre, lorsqu'elles vont se perfectionnant. Vous avez beau abattre les sceptres des rois, vous constituer en république, proférer continuellement le mot saint d'*Egalité*, vous ne poursuivez jamais qu'un vain fantôme et vous n'arrivez à rien.

Je vous le dis tout haut à vous, mon frère, et ce ne sera pas encore si tôt que j'oserai le dire bas à d'autres : cette *loi agraire*, cette loi que redoutent et que sentent bien venir les riches, et à laquelle ne pensent nullement encore le grand nombre des malheureux, c'est-à-dire les quarante-neuf cinquantièmes du genre humain, qui cependant, si elle n'arrive point, mourront en totalité en dedans (*sic*) deux générations tout au plus (nous vérifierons ensemble mathématiquement cette épouvantable prédiction au premier instant que vous le voudrez) ; cette loi que vous vous rappelez bien que, étant entre nous deux, nous avons vu Mably appeler par ses vœux ardents ; cette loi, qui ne reparaît

jamais sur l'horizon des siècles que dans des
circonstances comme celles où nous nous trouvons ; c'est-à-dire quand les extrêmes se tou-
chent absolument ; quand les propriétés foncières, seules vraies richesses, ne sont plus que
dans quelques mains, et que l'impossibilité
universelle de pouvoir assouvir la terrible faim,
détermine le plus grand nombre à revendiquer
le grand domaine du monde où le Créateur a
voulu que chaque être possédât le rayon de cir-
conférence nécessaire pour produire sa subsistance ; cette loi, dis-je, est le corollaire de
toutes les lois ; c'est là où se repose toujours
un peuple lorsqu'il est parvenu à améliorer sa
constitution sous tous les autres rapports...
que dis-je ? C'est alors qu'il simplifie étonnam-
ment cette constitution. Vous apercevrez que
depuis que la nôtre est commencée, nous avons
fait cent lois chaque jour, et à mesure qu'elles se
sont multipliées, notre code est devenu succes-
sivement plus obscur. Quand nous arriverons
à la loi agraire, je prévois qu'à l'instar du législateur de Sparte, ce code trop immense sera
mis au feu et une seule loi de 6 à 7 articles
nous suffira. Je prends encore avec vous l'engagement de démontrer ceci très rigoureusement.

Vous reconnaissez sans doute comme moi
cette grande vérité que la perfection en législation tient au rétablissement de cette égalité
primitive que vous avez si bien chantée dans
vos poèmes patriotiques, et comme moi vous
sentez sans doute encore que nous marchons

à grands pas vers cette étonnante révolution.

C'est précisément pourquoi, moi qui suis si partisan du système, je ne reviens pas des contemplations où je me livre, en examinant que vos principes et votre énergie vous rendent peut-être l'unique propre à préparer cette grande conquête, et que la Providence semble nous seconder en vous poussant dans la carrière convenable pour pouvoir combattre avec le plus d'avantages en faveur de la cause.

Oui vous êtes peut-être réservé, et peut-être l'étions-nous tous deux, pour sentir les premiers et pour faire sentir aux autres le grand mystère, le plus *(un mot illisible)* secret qui doit briser les chaines humaines. Si cela est, que je vous vois grand entre les législateurs !

Mais comment conçois-je qu'avec toute la force dont vous êtes armé, il vous sera possible de diriger les premiers mouvements pour accélérer une aussi belle victoire ? Sera-ce ouvertement et par un manifeste précis qu'il faudra que s'annonce le *sauveur du monde ?* Non, sans doute, et l'on ne serait pas bien reçu, je pense, à proposer tout crûment de telles considérations ? à notre malheureuse assemblée. Sa vertu se verra donc, pour combattre la corruption, forcée de se servir des armes généralement introduites par celle-ci ; il faudra qu'elle oppose politique à politique. Il faudra que les dispositions premières soient bien masquées, et qu'elles ne paraissent tendre aucunement vers le but concerté.

Mais je réfléchis... Je me dis : Il n'est pres-

que personne qui ne rejette fort loin la loi
agraire : le préjugé est bien pis encore que pour
la royauté et l'on a toujours pendu ceux qui se
sont avisés d'ouvrir la bouche sur ce grand
sujet. Est-il bien certain que J. M. Coupé lui-
même sera d'accord avec moi sur cet article?
Ne m'objectera-t-il pas aussi avec tout le monde
que de là résulterait la défection de la société :
qu'il serait injuste de dépouiller tous ceux qui
ont légitimement acquis, que l'on ne ferait
plus rien les uns pour les autres, et que dans
la supposition de possibilité de la chose les
mutations postérieures auraient bientôt rétabli
le premier ordre? Voudra-t-il se payer de
mes réponses : que la terre ne doit pas être
aliénable : qu'en naissant chaque homme en
doit trouver sa portion suffisante comme il en
est de l'air et de l'eau, qu'en mourant il doit
en faire héritier non ses plus proches dans la
société, mais la société entière : que ce n'a été
que ce système d'aliénabilité qui a transmis tout
aux uns et n'a plus laissé rien aux autres...
que c'est des conventions tacites par lesquelles
les prix des travaux les plus utiles ont été réduits au taux le plus bas, tandis que les prix
des occupations indifférentes ou même perni-
cieuses pour la société furent portés au cen-
tuple : qu'est résulté du côté de l'ouvrier inutile
le moyen d'exproprier l'ouvrier utile et le plus
laborieux... : que s'il y eût eu plus d'uniformité
dans les prix de tous les travaux, si l'on n'eût
pas assigné à quelques-uns d'eux une valeur
d'opinion, tous les ouvriers seraient aussi

riches à peu près les uns que les autres ; qu'ainsi
un nouveau partage ne ferait que remettre les
choses à leur place... ; que si la terre eût été
déclarée inaliénable (système qui détruit entièrement l'objection des craintes du rétablissement de l'inégalité par les mutations, après le
nouveau partage), chaque homme eût toujours
été assuré de son patrimoine et nous n'eussions
pas donné naissance à ces inquiétudes continuel-
les et toujours déchirantes sur le sort de nos
enfants : de là l'âge d'or et la félicité sociale au
lieu de la dissolution de la société ; de là un
état de quiétude sur tout l'avenir, une fortune
durable perpétuellement à l'abri des caprices
du sort, laquelle devrait être préférée même
par les plus heureux de ce monde s'ils enten-
daient bien leurs vrais intérêts... ; qu'enfin il
n'est pas vrai que la disparition des arts serait
le résultat forcé de ce nouvel arrangement,
puisqu'il est sensible au contraire que tout le
monde ne pourrait pas être laboureur ; que
chaque homme ne pourrait pas plus qu'aujour-
d'hui se procurer à lui seul toutes les machines
qui nous sont devenues nécessaires ; que nous
ne cesserions pas d'avoir besoin de faire entre
nous un échange continuel de services et qu'à
l'exception de ce que chaque individu aurait son
patrimoine inaliénable, qui lui ferait dans tous
les temps et toutes les circonstances un fonds,
une ressource inattaquable contre les besoins,
tout ce qui tient à l'industrie humaine resterait
dans le même état qu'aujourd'hui ?....

Je vais vous prouver, à vous-même, cher frère,

et en même temps à moi, que vous partez pour l'Assemblée législative avec les dispositions de faire consacrer tout cela comme articles de loi constitutionnelle. Je vous ai dit dans ma précédente lettre que mes vœux seraient :

1° Que les législateurs de toutes les législatures reconnussent pour le peuple qu'*Assemblée constituante* est une absurdité ; que les députés commis par le peuple sont chargés dans tous les temps de faire tout ce qu'ils reconnaîtront utile au bonheur du peuple... De là l'obligation et nécessité de donner la subsistance à cette immense majorité du peuple qui, avec toute sa bonne volonté de travailler, n'en a plus. *Loi agraire, Égalité réelle.*

2° Que le *veto*, véritable attribut de la souveraineté, soit au peuple, et avec un succès assez apparent (puisque nous avons vu depuis, dans le petit ouvrage : *De la ratification de la loi*, que je vous ai communiqué, que mes moyens ressemblent à ceux de l'auteur. J'en ai démontré la possibilité d'exécution contre tout ce qui a pu être dit de contraire... De ce veto du peuple ne faut-il pas attendre qu'il sera demandé par la partie souffrante et toujours exposée jusqu'alors à ce cruel sentiment de la faim, un patrimoine assuré : *Loi agraire.*

3° Qu'il n'y ait plus de division de citoyens en plusieurs classes : admission de tous à toutes les places : droit pour tous de voter, d'émettre leurs opinions dans toutes les assemblées : de surveiller grandement l'assemblée des législateurs ; liberté de réunion dans les places publiques ; plus de loi martiale ; destruction de l'esprit de corps des G. Nat. (gardes nationales) en y faisant entrer tous les citoyens sans exception et sans autre destination que celle de combattre les ennemis extérieurs de la Patrie... De tout cela nécessairement va découler l'extrême émulation, le grand esprit de liberté, d'égalité, l'énergie civique, les grands moyens de manifestattion de l'opinion publique, par conséquent d'expression du vœu général qui est, en principe, la loi ; la réclamation des premiers droits de l'homme, par conséquent du pain honnêtement assuré à tous : *Loi agraire*.

4° Que toutes les causes nationales soient traitées en pleine assemblée, et qu'il n'y ait plus de comités... De là disparaît cette négligence, cette apathie, cette insouciance, cet abandon absolu à la prétendue prudence d'une poignée d'hommes qui mènent toute une assemblée, et près desquels il est bien plus facile de tenter la corruption. De là l'obligation pour tous les sénateurs de s'occuper essentiellement de cet objet mis à la discussion et de se déterminer en connaissance de cause ; de là l'éveil donné à tous les défenseurs du peuple et la nécessité de soutenir ses droits les plus chers, par conséquent de veiller à ce que précisément tous puissent vivre : la *Loi agraire*.

5° Que le temps de la réflexion soit amplement accordé pour la discussion de toutes les matières... De là, va résulter que non seulement les improviseurs, les étourdis, les parieurs

perpétuels, les gens qui débitent toujours avant
d'avoir pensé, ne soient pas les seuls en possession de déterminer les arrêtés, mais qu'encore les gens qui aiment à méditer un plan
avant de prononcer, influenceront aussi sur les
décisions. De là un phraseur intéressé à combattre tout ce qui est juste ne viendra plus les-
tement vous écarter une bonne proposition par
quelque rien subtil et propre seulement à faire
illusion, et si on vient parler pour celui dont
les besoins pressent le plus, l'honnête homme
peut peser ? et appuyer la proposition et obtenir le triomphe de la sensibilité. *Grand achemi-
nement à la loi agraire*.

Eh bien ! frère patriote, si les principes que
je viens de poser ont toujours été les vôtres, il
faut y renoncer aujourd'hui si vous ne voulez
pas la loi agraire, car, ou je me trompe bien
grossièrement, ou les conséquences dernières
de ces principes sont cette loi. Vous travaillerez
donc efficacement en sa faveur si vous persistez
dans ces mêmes principes. On ne compose point
avec eux, et si, au for intérieur, vous vous pro-
posez quelque chose de moins que cela dans
votre tâche de législateur, je vous le répète,
liberté, égalité, droits de l'homme seront toujours des paroles redoutables et des mots vides
de sens.

Je le redis aussi de nouveau, ce ne serait
point là les intentions qu'il faudrait d'abord
divulguer ; mais un homme de bonne volonté
avancerait beaucoup le dénouement s'il s'atta-
chait à faire décréter toutes nos bases ci-dessus

posées sur le fondement de la plénitude des droits de liberté dus à l'homme, principe qu'on peut toujours invoquer et professer hautement et sans courir de danger. Ce qu'on appelle les aristocrates ont plus d'esprit que nous ; ils entrevoient trop bien ce dénouement. Le motif de leur opposition si vive dans l'affaire des champarts [1] vient de ce qu'ils craignent qu'une fois qu'il aura été porté une main profane sur ce qu'ils nomment le droit sacré de propriété, l'irrespect n'aura plus de bornes. Ils manifestent très généralement leurs craintes sur ce qu'espèrent les défenseurs de ceux qui ont faim, je veux dire sur la loi agraire, pour un moment fort prochain : bon avis à porter (?) sur nos tablettes.

J'aime à m'étendre sur le grand sujet que je traite devant une âme aussi sensible que je connais la vôtre. Car enfin c'est du pauvre auquel on n'a point songé encore ; c'est, dis-je, du pauvre qu'il doit être principalement question dans la régénération des lois d'un empire ; c'est lui, c'est sa cause qu'il intéresse le plus de soutenir. Quel est le but de la société ? N'est-ce pas de procurer à ses membres la plus grande somme (?) de bonheur qu'il est possible ? Et que servent donc toutes vos lois lorsqu'en der-

---

1. Le champart était primitivement le droit qu'avaient les seigneurs de lever une certaine quantité de gerbes sur les récoltes des champs, dans les terres soumises à leur cens. La suppression des champarts et des autres droits féodaux amena de rudes luttes dans la Picardie ; et Babeuf y prit part.

nier résultat elles n'aboutissent point à tirer de la profonde détresse cette masse énorme d'indigents, cette multitude qui compose l'immense majorité de l'association ? Qu'est-ce qu'un comité de mendicité qui continue d'avilir les humains en parlant d'aumônes et de lois répressives tendant à forcer le grand nombre des malheureux de s'ensevelir dans des cabanes et d'en mourir d'épuisement, afin que le triste spectacle de la nature en souffrance n'éveille point les réclamations des premiers droits de tous les hommes qu'elle a formés pour qu'ils vivent et non pas pour que quelques-uns d'entre eux seulement accaparent la subsistance de tous ?

On a souvent parlé de donner une propriété prise sur les biens du clergé à tout soldat Autrichien ou autre séide de despote qui, renonçant à exposer sa vie pour la cause du tyran, viendrait se jeter sur notre bord... Comment a t-on pu songer à être si généreux envers des hommes que le seul intérêt du moment déterminerait à ne plus nous faire de mal, et oublier que nous avons le plus grand nombre de nos concitoyens qui languissent épuisés de toutes les ressources nécessaires pour soutenir leur existence ?

Législateur, que votre humanité connue a fait élever sur le grand théâtre où je vous vois, conclurez-vous avec moi que c'est une vérité que la fin et le couronnement d'une bonne législation est l'égalité des possessions foncières, et que les vues secrètes d'un vrai défenseur des Droits du Peuple doivent toujours se porter vers ce but ? Qui sont les hommes que nous admirons le plus ? les apôtres des lois agraires, Lycurgue chez les Grecs et à Rome, Camille, les Gracchus, Cassius, Brutus, etc... Par quelle fatalité ce qui commande envers les autres nos plus profonds hommages, serait-il pour nous un sujet de blâme ? Ah ! je l'ai déjà répété et je le redis, quiconque n'aura pas pour dernier objet de ce qu'il souhaite, les vues que j'annonce, doit renoncer à exprimer de bonne foi les mots sacrés de *civisme*, *liberté*, *égalité* ; il doit, pour en empêcher l'effet, d'après la conduite pure et droite de ceux qui les déclament avec sincérité, il doit, dis-je, tout en les prononçant, bâtir ses plans sur les modèles des Barnave, des Thouret et de tant d'autres traîtres, dignes de ressentir un jour les coups de la justice nationale.

Vous avez pris l'engagement de suivre d'autres émules, brave citoyen ! Pétion dans un projet de déclaration des Droits de l'homme en 1789 avait consacré un article pour le plus important de ces droits qu'on a voulu oublier dans la Déclaration décrétée, c'était celui ayant pour objet l'obligation par la société d'assurer à tous ses membres une honnête subsistance. Analysez Robespierre, vous le trouverez aussi *agrairien* en dernier résultat, et ces illustres sont bien obligés de louvoyer, parce qu'ils sentent que le temps n'est pas encore venu. Vous vous élèverez à la hauteur de ces philanthropes respectables ; vos maximes, versées (?)

au projet, donnent les mêmes rédactions que
les leurs...

(Lettre à Coupé (de l'Oise).

Beauvais, 10 septembre 1791.

LE COMMUNISME, BUT DE LA RÉVOLUTION

« Songeons que nous n'avons voulu révolutionner que pour réparer les maux qui désolent
le monde : que pour remettre chaque homme à
sa place ; que pour renverser les désordres, la
misère générale que les exécrables institutions
ont enfantés ; que pour remplir l'affreux déficit
du grand nombre, et corriger l'opprimant superflu du petit ; que pour remplir le *but de la
société, qui est le bonheur commun.* Oui, l'objet
de cette révolution est aisance à tous, instruction de tous, égalité, liberté, bonheur pour
tous. Voilà notre but. Voilà ce que nous avions
presque déjà atteint ; voilà ce qu'il faut que
nous atteignions de nouveau, soldats de la liberté ! Il ne faut pas qu'elles soient vaines, les
solennelles promesses qui vous ont été faites ;
on ne les éludera pas, ces récompenses gagnées
au prix de tant de courage et du sang le plus
précieux ! Enfants, épouses, vieillards, infirmes,
indigents, vous les aurez aussi ces secours qui
vous furent également garantis, qui ne sont
encore que de justes récompenses pour les uns,
des prêts nationaux pour les autres ! Hommes
vigoureux, bras valides et remplis d'activité,

— 44 —

vous cesserez de même de voir l'affreuse pers-
pective de ne point trouver dans la rétribution
de vos travaux les plus utiles à la société, la
valeur de votre subsistance journalière.

(*Tribun du Peuple, II, 51, n° 34,
15 brumaire an IV*).

LE BONHEUR COMMUN, BASE DE LA RÉPUBLIQUE

Les meilleurs moyens (pour sauver la patrie
peut-être les seuls efficaces, qui eussent dû être
employés, sont encore tout entiers à votre disposition.

Ils auraient dû être mis en œuvre dès la première escarmouche ; ils ne l'ont point été alors ;
il faut les y mettre aujourd'hui. Ces moyens
sont simples. Ils consistent dans la conviction,
dans la transmission faite une bonne fois, d'une
manière pénétrante et ineffaçable de cette
grande vérité : *Que le bonheur appartient à
tous parmi les hommes ; que l'objet de leur agré-
gation sociale est de leur en garantir perpétuellement à chacun leur part suffisante ; que les institutions propres à établir cet ordre merveilleux
sont infiniment faciles à baser ; et que ce n'est que le
gouvernement républicain avec lequel il est possible qu'on y arrive.* Nous démontrerons, cela,
nous : et nous démontrerons la manière de
n'être pas longtemps en chemin pour atteindre
le vrai terme du bonheur social. Les tyrans ré-
gulateurs ont mis en réquisition l'intérêt per-
sonnel, pour, à l'aide d'illusions fausses, faire

paraître détestable le système populaire. Nous emploierons ce même mobile de l'intérêt pour le faire aimer. Nous l'emploierons d'une manière plus vraie, moins inique, moins horrible que ces réformateurs odieux, que ces légistes humanicides.

Nous prouverons à tous nos concitoyens que la liberté est la liberté, que la République peut n'être pas la réunion de toutes les tyrannies, de tous les affreux fléaux; que le gouvernement populaire doit et peut avoir pour résultat l'aisance et le bonheur de tous les individus, la félicité inaltérable de tous les membres de l'association.

(Tribun du Peuple, II, 9, n° 34.
15 brumaire an IV).

TERRORISME ET COMMUNISME

Je supplie qu'on ne suspecte point ici ma doctrine. Je n'en fais point mystère. Je n'ai point d'opinions de circonstances, et peu m'importe si celle qui suit n'est plus trouvée à l'ordre du jour, peu m'importe qu'on la juge précoce ou surannée. Mes opinions, une fois logées dans mon cerveau, y sont pour la vie éternelle, et toutes les guillotines ne me feraient point renoncer à celui des articles des Droits de l'Homme, qui m'en permet la *libre manifestation.* Ceci posé, je déclare que je ne joue ici que le rôle d'historien franc et singulièrement libre: que je narre tout ce que je crois être la vérité.

Je déclare que je n'entends point censurer la partie du plan politique de Robespierre, relatif aux secours levés sur les riches en faveur des enfants et parents des défenseurs de la patrie. Je ne censure même pas les mesures institutionnelles qui ont pour objet de saigner l'enfant de la fortune pour récompenser ces défenseurs eux-mêmes à leur retour des combats. Ce que je vais dire a déjà été réfléchi et observé, mais on ne peut trop le répéter. Il ne serait nullement juste que celui qui n'a rien s'exposât et se sacrifiât pour défendre les propriétés au profit de ceux qui les tiennent, tandis que ces derniers laisseraient languir sa famille et lui-même à son retour, si le hasard le faisait survivre aux périls et aux fatigues de la guerre. Je vais plus loin. Je dis que (dût cette opinion paraître ressembler au système de Robespierre), soit que l'on combatte ou non, le sol d'un État doit assurer l'existence à tous les membres de cet État ; je dis que, quand dans un État la minorité des sociétaires est parvenue à accaparer de ses mains les richesses foncières et industrielles, et qu'à ce moment elle tient sous sa verge, et use du pouvoir qu'elle a de faire languir dans le besoin, la majorité, on doit reconnaître que cet envahissement n'a pu se faire qu'à l'abri des mauvaises institutions du gouvernement ; et alors, ce que l'administration ancienne n'a pas fait dans le temps pour prévenir l'abus ou pour le réprimer à sa naissance, l'administration actuelle doit le faire pour rétablir l'équilibre qui n'eût jamais dû se perdre ; et l'autorité des lois doit opérer un revirement, qui tourne vers la dernière raison du gouvernement perfectionné du contrat social : *Que tous aient assez, et qu'aucun n'ait trop.* Si c'est là ce que Robespierre a vu, il a vu à cet égard en législateur. Tous ceux-là ne le seront pas qui ne tendront point par des raisons qu'il soit impossible d'enfreindre, à poser des bornes sûres à la cupidité et à l'ambition, à *affecter tous les bras au travail,* mais à garantir, moyennant ce travail, le nécessaire à tous, l'éducation égale et l'indépendance de tout citoyen d'un autre ; à garantir de même le nécessaire sans travail à l'enfance, à la faiblesse, à l'infirmité et à la vieillesse. Sans cette certitude du nécessaire, sans cette éducation, sans cette indépendance réciproque, jamais vous ne parviendrez à rendre la liberté aimable, jamais vous ne ferez de vrais républicains. Et jamais vous n'aurez la tranquillité intérieure, jamais vous ne gouvernerez paisiblement, jamais la poignée de riches ne jouira avec sécurité d'un regorgement scandaleux, à côté de la masse affamée. Que les premiers soient justes et ouvrent les yeux à la vérité, à leurs propres intérêts : ils s'exécuteront eux-mêmes ; autrement, la nature (elle fut toujours juste), quand la mesure est comblée, quand l'essaim du peuple à qui tout garde-manger est fermé, est devenu dévorant, force toutes les digues ; alors cette guerre intestine, qui subsiste toujours entre les affameurs et les affamés, éclate, et renverse tout : alors il n'y a point de gouvernement qui puisse arrêter le torrent ; alors se réalise ce qu'a dit Bertrand Barère dans certain rapport : *Les malheureux sont les puissances de la terre, ils ont droit de parler en maîtres aux gouvernements qui les négligent.* Il n'y a que la dépopulation qui soit capable de calmer ce vent impétueux [1], mais le simple essai de ce moyen n'est pas sans danger. Bertrand Barère, Maximilien Robespierre et adjoints en ont fait l'expérience.

Je réprouve par-dessus tout, et je crois être en cela à l'unisson avec bien du monde, je réprouve ce point particulier de leur système. Outre que je ne crois pas avec eux que les productions du sol français aient jamais été en proportion inférieure aux besoins de tous ses habitants, c'est que je suis encore, sur le chapitre de l'extermination, homme à préjugés. Il n'est pas donné à tous d'être à la hauteur de Maximilien Robespierre. Je crois que dans le cas même où il serait bien reconnu que les moyens de subsistance d'une nation ne seraient point en mesure suffisante pour remplir l'appétit de tous ses membres, je crois qu'alors les simples lois de nature commandent, au lieu de la dépopulation, la privation partielle de chacun des membres, pour satisfaire, par égalité, dans la proportion usuelle, les besoins de tous. Je n'ignore pas que Platon, Mably, Montes-

1. Babeuf exposait, dans la brochure d'où cette longue note est extraite, le projet attribué à Robespierre, d'immoler par la Terreur une partie de la population de la France, les gros possesseurs et une partie même des pauvres, pour opérer une nouvelle distribution des richesses.

quieu et d'autres ont parlé de la possibilité
d'une population excédant la mesure que le
territoire est capable de soutenir. Aucun d'eux
n'a l'audace d'insinuer le massacre de sang-
froid de la portion qui surchage l'Etat. Ils ne
dissimulent point que ce peut être un inconvé-
nient bien préjudiciable à la félicité commune.
Mais ils ne conseillent que les institutions colo-
niales ou autres moyens à peu près semblables,
pour remédier au mal présent, et des dispositions politiques, qui ne blessent en rien les lois
naturelles, pour prévenir de semblables dan-
gers futurs. Cette matière que, sans doute
malheureusement, le génie de Robespierre a
trop pesée et mal mûrie, est cependant digne
de toute l'attention des membres du Sénat, et
qui ne songera pas à la réfléchir n'est point
législateur.

(Du système de dépopulation, p. 31, note.)

LES DEUX RÉPUBLIQUES

Je distingue deux partis diamétralement op-
posés en système et en plan d'administration
publique. Des circonstances font varier la force
de l'un ou de l'autre ; c'est là tout seul ce qui
explique les avantages alternatifs que chacun
d'eux remporte.

Je crois assez que tous deux veulent la République ; mais chacun la veut à sa manière.
L'un la désire bourgeoise et aristocratique ;
l'autre entend l'avoir faite et qu'elle demeure

toute populaire et démocratique. L'un veut la République d'un million qui fut toujours l'ennemi, le dominateur, l'exacteur, l'oppresseur, la sangsue des vingt-quatre autres ; du million qui se délecte depuis des siècles dans l'oisiveté, aux dépens de nos sueurs et de nos travaux : l'autre parti veut la République pour ces vingt-quatre derniers millions qui en ont fondé les bases, les ont cimentées de leur sang, nourrissent, soutiennent, pourvoient la patrie de tous ses besoins, la défendent et meurent pour sa sûreté et sa gloire. Le premier parti veut dans la République le patriciat et la plèbe ; il y veut un petit nombre de privilégiés et de maîtres gorgés de superfluités et de délices, le grand nombre réduit à la situation des îlotes et des esclaves ; le second parti veut pour tous, non seulement l'égalité de droit, l'égalité dans les livres, mais encore l'honnête aisance, la suffisance légalement garantie, de tous les besoins physiques, de tous les avantages sociaux, en rétribution juste et indispensable, de la part de travail que chacun vient fournir à la tâche commune.

(Tribun du Peuple, II, p. 263, n° 29, 1er-19 nivôse an III).

LA RÉVOLUTION FRANÇAISE, LUTTE DE CLASSES

Ne nous dissimulons pas l'exacte vérité. Qu'est-ce qu'une *révolution politique* en général ? Qu'est-ce, en particulier, que la révolution française ?

Une guerre déclarée entre les patriciens et les plébéiens, entre les riches et les pauvres.

Voilà donc la grande question abordée. Suivons-en quelques-uns des développements.

Quand les institutions mauvaises et abusives d'une nation ont produit l'effet que sa masse est ruinée, avilie, chargée de chaînes insupportables ; quand l'existence de la majorité est devenue tellement pénible qu'elle ne peut plus y tenir, c'est ordinairement alors qu'éclate une insurrection des opprimés contre les oppresseurs. C'est la gêne qu'on éprouve dans cette position qui devient la cause pour laquelle on se meut, on s'ébranle, pour chercher à se mettre mieux. Il vient naturellement à l'esprit de réfléchir sur les droits primitifs des hommes. On les discute, on examine quels ils sont dans l'état naturel, quels ils doivent être au passage à l'état social. On reconnaît facilement que la nature a fait naître chaque homme égal en droits et en besoins avec tous ses frères ; que cette égalité doit être imprescriptible et inattaquable ; que le sort de chaque individu ne doit éprouver aucune altération en arrivant à la sociabilité ; que les établissements civils, loin de porter atteinte au bonheur commun, qui ne peut résulter que du maintien de cette égalité, ne doivent qu'en garantir l'inviolation.

Après avoir examiné *ce qui doit être*, on examine ce *qui est*.

On découvre que le plus grand nombre des associés est dépouillé de ses droits et manque du nécessaire. On ne cherche pas longtemps pour apercevoir que ce que la plus saine, la plus laborieuse, la plus nombreuse portion du peuple a de moins que ce nécessaire ne lui a point été refusé par la nature. Elle n'est jamais ingrate, elle n'est jamais en retard de pourvoir complètement à l'entretien de tous ses enfants. Ce n'est pas sa faute s'ils font entre eux une mauvaise répartition de ses dons ; ce n'est pas sa faute si les uns sont assez coupables, assez audacieux pour dépouiller, et les autres assez faibles et assez dupes pour se laisser dépouiller. On reconnaît donc clairement que ce qui manque au grand nombre existe dans le *trop*, dans le superflu du petit nombre. Le petit nombre forme donc dans l'Etat une caste d'accapareurs, d'usurpateurs. Les membres de cette caste vous disent que c'est légitimement qu'ils sont parvenus à dépouiller la majorité de leurs frères. Mais on a bientôt scruté que ce n'est qu'à l'aide d'horribles institutions consacrées par les gouvernements. Alors se fait aussi le procès des gouvernements. On ne reconnaît entre eux et les patriciens accapareurs que des complices. Sans doute on voit bientôt que le dépouillement de la multitude n'a été opéré que par le résultat combiné des lois institutives ; ce sont elles qui ont mis une poignée de la société à portée de tout envahir ; mais ainsi elles ne forment qu'un affeux code de brigandage ; elles ne légitiment point la possession des richesses communes entre les mains de compagnies d'envahisseurs qui en disposent exclusivement. Sans remonter aux causes, il suffirait d'envisager les effets. Il est toujours certain que lorsque la partie la plus utile d'une nation se trouve expropriée, cet état de choses n'a pu s'opérer que par une suite de combinaisons dont la faculté d'application tire sa source des lois favorables à la cupidité et à l'ambition. Or ces lois sont homicides : elles sont destructives du contrat social primitif qui a nécessairement garanti le maintien, perpétuellement inaltérable, de la suffisance des besoins de tous et de chaque associé. Donc, il faut revendiquer cette garantie du premier contrat. Il est deux choses contre lesquelles il faut se révolter : contre les lois qui ont consacré la violation du pacte originel, et contre les effets de la même violation. Il faut rétablir ces saintes institutions qui assurent à jamais la totalité de ses droits, de ses besoins, à chaque membre de la grande famille.

Voilà, n'en doutons pas, l'analyse exacte du manifeste de guerre publié en France dès 1789. Voilà la déclaration solennelle des plébéiens aux patriciens, et le prologue sérieux de l'insurrection et de la révolution.

Cette guerre des *plébéiens* et des *patriciens*, ou des pauvres et des riches, n'existe pas seulement du moment où elle est déclarée. Elle est perpétuelle ; elle commence dès que les institutions tendent à ce que les uns prennent tout et à ce qu'il ne reste rien aux autres ; et tant que le manifeste n'est pas promulgué, le patriciat ne semble guère se mettre en garde contre la révolte plébéienne. Il semble aux riches qu'en feignant la sécurité, en s'efforçant de faire croire aux pauvres que leur état est inévitable dans la nature, c'est là la meilleure barrière contre les entreprises des derniers. Mais quand le déclaratoire insurrectionnel est proclamé, alors, que la lutte s'engage vivement, et que chacun des deux partis emploie tous ses moyens pour faire triompher le sien.

La plèbe met en réquisition toutes les vertus : la justice, la philanthropie, le désintéressement.

Le patriciat appelle à son secours tous les crimes : l'astuce, la duplicité, la perfidie, la cupidité, l'orgueil, l'ambition.

Chez un grand peuple, le grand procès qui s'élève entre les oppresseurs et les opprimés ne peut être plaidé que par avocats. Lorsqu'il est question de les choisir, comme on sait réciproquement que de leur caractère moral pourra dépendre la victoire de l'un ou de l'autre parti, chacun d'eux fait des efforts pour attirer de son côté le plus grand nombre de défenseurs capables de favoriser sa cause.

Effectivement, si la somme des vertus excède dans les représentants celle de la corruption, la justice doit triompher. L'inverse a lieu si c'est la force du crime qui l'emporte sur celle de l'équité.

Appliquant ces réflexions à la Révolution française, j'y trouve une parfaite analogie historique. Dans toutes les déclarations des Droits, excepté dans celle de 1795, on a débuté par consacrer cette première, cette plus importante maxime de justice éternelle : *Le but de la so-*

ciété est le bonheur commun. On a ensuite déclaré dans mille endroits comme conséquence nécessaire cet autre axiome : *Le but de la révolution étant de ramener au but de la société, dont on s'est écarté, est également le bonheur commun.* On a marché à grands pas et à grands et rapides progrès vers ce but, jusqu'à une époque ; depuis on a marché en sens rétrograde, on a marché contre le but de la société, contre le but de la révolution, pour le *malheur commun* et pour le *bonheur* seulement du *petit nombre*. Précisons cette époque. Osons dire que la révolution, malgré tous les obstacles et toutes les oppositions, a avancé jusqu'au 9 thermidor, et qu'elle a reculé depuis.

(Tribun du Peuple, II, p. 11-14, n° 34,
15 brumaire an IV).

LE MANIFESTE DES PLÉBÉIENS

Il est plus que temps. Il est temps que le peuple, foulé, assassiné, manifeste d'une manière plus grande, plus solennelle, plus générale qu'il n'a jamais été fait, sa volonté, pour que non seulement les signes, les accessoires de la misère, mais la réalité, la misère elle-même soit anéantie. Que le peuple proclame son manifeste. Qu'il y définisse la démocratie comme il entend l'avoir, et telle que, d'après les principes purs, elle doit exister. Qu'il y prouve que la démocratie est l'obligation de remplir, par ceux qui ont trop, tout ce qui manque à ceux qui n'ont point assez ; que tout le *déficit* qui se trouve dans la fortune des derniers ne procède que de ce que les autres les ont volés. Volé légitimement, si l'on veut ; c'est-à-dire à l'aide de lois de brigands qui, sous les derniers régimes comme sous les plus anciens, ont autorisé tous les larcins ; à l'aide de lois telles que toutes celles qui existent en ce moment ; à l'aide de lois, d'après lesquelles je suis forcé, pour vivre, de démeubler chaque jour mon ménage, de porter, chez tous les voleurs qu'elles protègent, jusqu'au dernier haillon qui me couvre ! Que le peuple déclare qu'il entend avoir la restitution de tous ces vols, de ces honteuses confiscations des riches sur les pauvres. Cette restitution sera aussi légitime sans doute que celle aux émigrés. Nous voulons, par le rétablissement de la démocratie, d'abord que nos haillons, nos vieux meubles nous rentrent, et que ceux qui nous les ont pris soient mis à l'avenir dans l'impuissance de recommencer de pareils attentats. Nous voulons ensuite par la démocratie, ce que nous avons fait voir qu'ont voulu tous ceux qui en ont conçu quelque idée juste.

Faut-il pour rétablir les droits du genre humain et faire cesser tous nos maux, faut-il une *retraite au* Mont Sacré, *ou une* Vendée plébéienne ? Que tous les amis de l'*Egalité* s'apprêtent et se tiennent déjà pour avertis ! Que chacun se pénètre de l'incomparable beauté de cette entreprise. Les Israélites à délivrer de la servitude égyptienne ! à conduire à la possession des terres de Chanaan ! Quelle expédition fut jamais plus digne d'enflammer de grands courages ? Le Dieu de la liberté, soyons-en sûrs, protègera les Moïse qui voudront la diriger. Il nous l'a promis, sans l'intermédiaire d'Aaron, dont nous n'avons que faire, non plus que de son collège vicarial. Il nous l'a promis, sans apparition miraculeuse dans le buisson ardent. Laissons là tous ces prodiges, toutes ces sottises. Les inspirations des divinités républicaines se manifestent tout simplement sous les auspices de la nature (Dieu suprême) par la voie du cœur des républicains. Il nous est donc révélé que, tandis que de nouveaux Josué combattront un beau jour dans la plaine sans avoir besoin de faire arrêter le soleil, plusieurs, en place d'un législateur des Hébreux, seront sur la véritable *Montagne plébéienne*. Ils y traceront, sous la dictée de l'éternelle justice, le décalogue de la sainte humanité, du sans-culotisme, de l'imprescriptible équité. Nous proclamerons, sous la protection de nos 100,000 lances et de nos bouches à feu, le véritable code premier de la nature, qui n'aurait jamais dû être enfreint.

Nous expliquerons clairement ce que c'est que le *bonheur commun, but de la société.*

Nous démontrerons que le sort de tout homme n'a pas dû empirer au passage de l'état naturel à l'état social.

Nous définirons la propriété.

Nous prouverons que le terroir n'est à personne, mais qu'il est à tous.

Nous prouverons que tout ce qu'un individu

en accapare au-delà de ce qui peut le nourrir est un vol social.

Nous prouverons que le prétendu droit d'*aliénabilité* est un infâme attentat populicide.

Nous prouverons que l'*hérédité par familles* est une non moins grande horreur ; qu'elle isole tous les membres de l'association et fait de chaque ménage une petite république qui ne peut que conspirer contre la grande et consacrer l'inégalité.

Nous prouverons que tout ce qu'un membre du corps social a *au-dessous* de la suffisance de ses besoins de toute espèce et de tous les jours, est le résultat d'une spoliation de sa propriété naturelle individuelle, faite par les accapareurs des biens communs.

Que, par la même conséquence, tout ce qu'un membre du corps social a *au-dessus* de la suffisance de ses besoins de toute espèce et de tous les jours, est le résultat d'un vol fait aux autres co-associés, qui en prive nécessairement un nombre plus ou moins grand de sa quote-part dans les biens communs.

Que tous les raisonnements les plus subtils ne peuvent prévaloir contre ces inaltérables vérités.

Que la supériorité de talents et d'industrie n'est qu'une chimère et un leurre spécieux, qui a toujours indûment servi aux complots des conspirateurs contre l'égalité.

Que la différence de valeur et de mérite dans le travail des hommes ne repose que sur l'opinion que certains d'entre eux y ont attachée, et qu'ils ont su faire prévaloir.

Que c'est sans doute à tort que cette opinion a apprécié la journée de celui qui fait une montre vingt fois plus que la journée de celui qui trace des sillons.

Que c'est cependant à l'aide de cette fausse estimation que le gain de l'ouvrier horloger l'a mis à portée d'acquérir le patrimoine de vingt ouvriers de charrue, qu'il a, par ce moyen, *expropriés*.

Que tous les *prolétaires* ne le sont devenus que par le résultat de la même combinaison dans tous les autres rapports de proportion, mais partant tous de l'unique base de la différence de valeur établie entre les choses par la seule autorité de l'opinion.

Qu'il y a absurdité et injustice dans la prétention d'une plus grande récompense pour celui dont la tâche exige un plus haut degré d'intelligence, et plus d'application et de tension d'esprit : que cela n'étend nullement la capacité de son estomac.

Qu'aucune raison ne peut faire prétendre une récompense excédant la suffisance des besoins individuels.

Que ce n'est non plus qu'une chose d'opinion que la valeur de l'intelligence, et qu'il est peut-être encore à examiner si la valeur de la force toute naturelle et physique ne la vaut point.

Que ce sont les intelligences qui ont donné un si haut prix aux conceptions de leurs cerveaux, et que, si c'eût été les forts qui eussent concurremment réglé les choses, ils auraient sans doute établi que le mérite des bras valait celui de la tête, et que la fatigue de tout le corps pouvait être mise en compensation avec celle de la seule partie ruminante.

Que, sans cette égalisation posée, on donne aux plus intelligents, aux plus industrieux, un brevet d'accaparement, un titre pour dépouiller impunément ceux qui le sont moins.

Que c'est ainsi que s'est détruit, renversé dans l'état social, l'équilibre de l'aisance, puisque rien n'est mieux prouvé que notre grande maxime : *qu'on ne parvient à avoir trop qu'en faisant que d'autres n'aient point assez.*

Que toutes nos institutions civiles, nos transactions réciproques ne sont que les actes d'un perpétuel brigandage, autorisé par d'absurdes et barbares lois, à l'ombre desquelles nous ne sommes occupés qu'à nous entre-dépouiller.

Que notre société de fripons entraîne à la suite de ses atroces conventions primordiales toutes les espèces de vices, de crimes et de malheurs contre lesquels quelques hommes de bien se liguent en vain pour leur faire la guerre, qu'ils ne peuvent rendre triomphante, parce qu'ils n'attaquent point le mal dans sa racine, et qu'ils n'appliquent que des palliatifs puisés dans le réservoir des idées fausses de notre dépravation organique.

Qu'il est clair, par tout ce qui précède, que tout ce que possèdent ceux qui ont au-delà de leur quote-part individuelle dans les biens de la société, est vol et usurpation.

Qu'il est donc juste de le leur reprendre.

Que celui même qui prouverait que, par

l'effet de ses seules forces naturelles, il est capable de faire autant que quatre, et qui, en conséquence, exigerait la rétribution de quatre, n'en serait pas moins un conspirateur contre la société, parce qu'il en ébranlerait l'équilibre par ce seul moyen et détruirait la précieuse égalité.

Que la sagesse ordonne impérieusement à tous les co-associés de réprimer un tel homme, de le poursuivre comme un fléau social, de le réduire au moins à ne pouvoir faire que la tâche d'un seul, pour ne pouvoir exiger que la récompense d'un seul.

Que ce n'est que notre seule espèce qui a introduit cette folie meurtrière de distinctions de mérite et de valeur, et qu'aussi ce n'est qu'elle qui connaît le malheur et les privations.

Qu'il ne doit point exister de privations de choses que la nature donne à tous, produit pour tous, si ce n'est celles qui sont la suite des accidents inévitables de la nature, et que, dans ce cas, les privations doivent être supportées et partagées également par tous.

Que les productions de l'industrie et du génie deviennent aussi la propriété de tous, le domaine de l'association entière, du moment même que les inventeurs et les travailleurs les ont fait éclore ; parce qu'elles ne sont qu'une compensation des précédentes inventions du génie et de l'industrie, dont ces inventeurs et ces travailleurs nouveaux ont profité dans la vie sociale, et qui les ont aidés dans leurs découvertes.

Que puisque les connaissances acquises sont le domaine de tous, elles doivent donc être également réparties entre tous.

Qu'une vérité contestée mal à propos par la mauvaise foi, le préjugé ou l'irréflexion, c'est que cette répartition égale des connaissances entre tous rendrait tous les hommes à peu près égaux en capacité et même en talents.

Que l'éducation est une monstruosité, lorsqu'elle est inégale, lorsqu'elle est le patrimoine exclusif d'une portion de l'association ; puisqu'alors elle devient, dans les mains de cette portion, un amas de machines, une provision d'armes de toutes sortes, à l'aide desquelles cette première portion combat l'autre qui est désarmée, parvient facilement, en conséquence, à la juguler, à la tromper, à la dépouiller, à l'asservir sous les plus honteuses chaînes.

Qu'il n'est pas de vérité plus importante que celle que nous avons déjà citée, et qu'un philosophe a proclamée en ces termes : *Discourez tant qu'il vous plaira sur la meilleure forme de gouvernement, vous n'aurez rien fait tant que vous n'aurez point détruit les germes de la cupidité et de l'ambition.*

Qu'il faut donc que les institutions sociales changent à ce point qu'elles ôtent à tout individu l'espoir de devenir jamais ni plus riche, ni plus puissant, ni plus distingué par ses lumières, qu'aucun de ses égaux.

Qu'il faut, pour préciser davantage, parvenir à *enchaîner le sort*, à rendre celui de chaque co-associé indépendant des chances et des cir-

constances heureuses ou malheureuses ; à *assu-*
rer à chacun et à sa postérité, telle nombreuse
qu'elle soit, la suffisance, mais rien que la suffi-
sance : et à fermer à tous toutes les voies pos-
sibles, pour obtenir jamais au-delà de la quote-
part individuelle dans les produits de la nature
et du travail.

Que le seul moyen d'arriver là est d'établir
l'*administration commune :* de supprimer la
propriété particulière ; d'attacher chaque homme au talent, à l'industrie qu'il connaît ; de
l'obliger à en déposer le fruit en nature au
magasin commun, et d'établir une simple administration de distribution, une administration
des subsistances qui, tenant registre de tous
les individus et de toutes les choses, fera répar-
tir ces dernières dans la plus scrupuleuse égalité, et les fera déposer dans le domicile de
chaque citoyen.

Que ce gouvernement, démontré praticable
par l'expérience, puisqu'il est celui appliqué
aux douze cent mille hommes de nos douze
armées ; ce qui est possible en petit l'est en
grand : que ce gouvernement est le seul dont il
peut résulter un bonheur universel inaltérable,
sans mélange ; *le bonheur commun, but de la
société*.

Que ce gouvernement fera disparaître les
bornes, les haies, les murs, les serrures aux
portes, les disputes, les procès, les vols, les
assassinats, tous les crimes ; les tribunaux, les
prisons, les gibets, les peines, le désespoir qui
cause toutes ces calamités ; l'envie, la jalousie,

l'insatiabilité, l'orgueil, la tromperie, la duplicité, enfin tous les vices ; plus (et ce point est
sans doute l'essentiel) le ver rongeur de l'inquiétude générale, particulière, perpétuelle de
chacun de nous, sur notre sort du lendemain,
du mois, de l'année suivante, de notre vieillesse,
de nos enfants et de leurs enfants.

Tel est le précis sommaire de ce terrible manifeste que nous offrirons à la masse opprimée
du peuple français et dont nous lui donnons la
première esquisse pour lui en faire saisir
l'avant-goût.

(Tribun du Peuple, II, 100-106,
n° 35, 9 frimaire an IV.)

CONSTITUTION ET INSTITUTIONS

« Ils se trompent ceux qui croient que je ne
m'agite que dans la vue de faire substituer une
constitution à une autre. Nous avons bien plus
besoin d'institutions que de constitutions. La
constitution de 93 n'avait mérité les applaudis-
sements de tous les gens de bien que parce
qu'elle préparait les voies à ces institutions. Si
par elle ce but n'avait pu être atteint, j'eusse
cessé de l'admirer. Toute constitution qui lais-
sera subsister les anciennes institutions humanicides et abusives cessera d'exciter mon
enthousiasme ; tout homme appelé à régénérer
ses semblables, qui se traînera péniblement
dans la vieille routine des législations précédentes, dans la barbarie consacrée des heureux
et des malheureux, ne sera point à mes yeux

un législateur : il n'inspirera pas mes respects.

Travaillons à fonder d'abord de bonnes institutions, des institutions plébéiennes, et nous serons toujours sûrs qu'une bonne constitution viendra après.

Des institutions plébéiennes doivent assurer le *bonheur commun*, l'aisance égale de tous les co-associés. »

(Tribun du Peuple, II, 84, n° 35,
9 frimaire an IV.)

DÉFINITIONS

C'est pour le peuple seul qu'on a dit que la Révolution serait faite ; lui-même a juré qu'il l'achèverait ou qu'il mourrait. Elle n'est point achevée, puisque rien n'est fait pour assurer le bonheur du peuple et que tout est fait, au contraire, pour l'épuiser, ce peuple, pour faire couler éternellement ses sueurs et son sang dans les vases d'or d'une poignée de riches odieux. Donc, il faut la continuer, cette révolution, jusqu'à ce qu'elle soit devenue la révolution du peuple. Donc ceux qui se plaindront des hommes qui veulent révolutionner toujours ne devront être judicieusement appréciés que comme les ennemis du peuple.

Les hauts et puissants du jour entendent singulièrement le mot *révolution*, quand ils prétendent que la révolution chez nous est faite. Qu'ils disent donc plutôt la *contre-révolution* ! La révolution, encore une fois, est le bonheur

5.

de tous : c'est ce que nous n'avons pas : la révolution n'est donc pas faite ! La contre-révolution est le malheur du grand nombre ; c'est ce que nous avons : c'est donc la contre-révolution qui est faite !

. . . .

Et cependant encore, parce que nous voulons effectivement refaire [la Révolution], ils nous traitent d'*anarchistes*, de *factieux*, de *désorganisateurs*. Mais c'est par une de ces contradictions toutes semblables à celle qui leur fait appeler révolution la contre révolution.

L'organisation, chez ces messieurs, est aussi la désorganisation. J'appelle désorganisation encore tout ordre qui comble la plus petite partie et qui fait languir et mourir la plus grande... J'appelle organisation un ordre tout opposé d'après lequel est assuré le bonheur de la masse ; et j'appelle désorganisateurs tous ceux qui ont concouru à établir et qui concourent à maintenir un tel ordre. J'appelle organisation un ordre tout opposé d'après lequel est assuré le bonheur de la masse ; et j'appelle organisateurs ceux qui travaillent à fonder et à assurer des règles d'où peuvent découler des effets aussi heureux.

Mais tel est le dictionnaire du palais, des châteaux et des hôtels, que les mêmes expressions offrent presque toujours l'inverse de signification qu'on leur reconnaît dans les cabanes.

(*Tribun du Peuple*, II, 115-116, n° 36,
20 frimaire an IV.)

Vous serez un peu étonné[1] (si vous raisonnez aussi pitoyablement de bonne foi) quand tout à l'heure nous vous prouverons que notre égalité réelle est la seule juste, la seule sacrée, et qu'elle est possible, et qu'au contraire ce sont vos institutions du *tien* et du *mien* qui sont l'*anarchie*, le *brigandage*, l'*assassinat* : que ce sont elles qui *érigent le vol en principe* et que c'est par elles que le *brigand qui ne veut pas travailler, dépouille l'ouvrier actif et industrieux de l'outil qui l'aide à gagner sa vie*.

LES HOMMES NAISSENT ÉGAUX EN DROITS. Vous conviendrez sans doute de l'incontestabilité de ce premier point. Si j'y ajoute : *Et ils demeurent*, j'espère que vous en conviendrez de même, et tout le droit social sera renfermé dans ce peu de paroles : Les hommes naissent et demeurent égaux en droit. Or, toute la législation doit donc se rapporter là. Tout doit donc tendre à faire *demeurer* les hommes comme ils *naissent*, c'est-à-dire *égaux en droit*, puisqu'ils le sont continuellement en besoins. Toute loi qui permet ou qui n'empêche pas qu'ils sortent de cette égalité des droits, est donc une loi anti-sociale. Rien dans la société ne s'est fait qu'avec le vœu de la loi. Donc les mille et un moyens qu'elle m'a laissés pour que je puisse ne pas rester égal à la majorité de mes frères, pour que je puisse acquérir seul autant de droits, c'est-à-dire de matières de jouissances

---

1. En réponse à M. Trouvé, directeur du *Moniteur* q u avait attaqué les théories de Babeuf.

que cent mille de mes semblables ; les mille et
un moyens qu'elle a laissés à un million de
faquins comme moi pour accaparer les quatre-
vingt-dix-neuf centièmes des choses qui doivent appartenir et qui sont nécessaires à vingt-
cinq millions sont des infractions criminelles à
la loi fondamentale, des attentats de lèse-huma-
nité. La loi qui me permet la ruse et l'intrigue
de toute espèce pour absorber en un quart
d'heure, et sans rien faire qui ait une véritable
et réelle utilité, la journée de gain de deux
cents bras utilement employés, qu'est-elle autre
chose qu'*ériger le vol en principe* ? Ne sont-ce
point là les maximes précises avec lesquelles
M. Trouvé dit fort bien lui-même que le *brigand qui ne veut point travailler dépouille
l'ouvrier actif et industrieux de l'outil qui l'aide
à gagner sa vie* ? Et quand les ravages de ces
lois féroces ont été jusqu'à dépouiller de ces
outils si intéressants le plus grand nombre de
ces ouvriers plus intéressants encore ; quand,
après cela, elles les ont presque tous réduits à
la mort par la faim, qu'est-ce autre chose que
la plus déplorable *anarchie*, le dernier de tous
les *brigandages*, le mode le plus lâche d'*assassinat* ? »

(*Tribun du peuple*, II, 171, n° 38.
10 pluviôse an IV).

RÉPONSE A DES OBJECTIONS

*On ne peut arguer de l'ancienneté de la propriété
individuelle pour renoncer à la détruire.*

Je conteste l'opinion[1] qu'il nous eût été plus
avantageux d'être venu moins tard au monde
pour accomplir la mission de désabuser les
hommes par rapport au prétendu droit de propriété. Qui me désabusera, moi, que l'époque
actuelle est précisément la plus favorable ?
qu'elle l'est infiniment plus que ne l'eût été
celle d'il y a mille ans ? D'abord est-ce d'ordinaire avant que le mal d'un abus se fasse sentir
qu'on songe à le détruire ? Or, les hommes,
toujours imprévoyants, quand ils ont laissé
introduire le droit de propriété particulière,
n'ont pas pressenti tous les inconvénients qui
allaient en résulter. Leurs lumières d'alors,
leur inexpérience ne pouvaient guère leur per-
mettre ce calcul. Et lors même qu'on leur eût
crié : *Vous êtes perdus si vous oubliez que les
fruits de la terre sont à tous, et la terre à personne*, je doute qu'ils eussent rien écouté, ou
bien ils ne l'auraient pas voulu croire. D'ailleurs,
les résultats funestes ayant été longtemps sans
devenir très sensibles, on n'aurait pas eu meilleur compte, au bout de quelques centaines
d'années, de venir proposer la réforme. Ensuite,

1. Réponse à Antonelle, qui dans l'*Orateur plébéien* avait
critiqué les idées de Babeuf.

quand le mal s'est bien fait sentir, il s'était glissé imperceptiblement, on en était arrivé à devoir le juger tout naturel, on ne savait plus toujours d'où il venait ; il résultait de toutes les circonstances qu'on était accoutumé à voir, que l'on prenait pour l'ordre immuable et fatal : l'ignorance, la superstition et l'autorité s'étaient liguées pour empêcher qu'on n'en démêlât la vraie cause, ou qu'on ne se mît en puissance de l'attaquer.

Mais aujourd'hui, quand la gangrène a étendu ses ravages au point qu'il ne lui reste plus rien à dévorer, quand le peuple entier a été réduit d'abord à deux onces de pain par jour, ensuite à le payer soixante centimes la livre ; quand la masse, le plus grand nombre a été forcé de vendre ses dernières guenilles pour s'en procurer, à s'en passer tout à fait quand tout a été vendu ; quand ce peuple est éclairé, capable d'entendre et disposé par sa position à saisir avec avidité cette vérité précieuse : *Les fruits sont à tous, la terre à personne* ; quand Antonelle se trouve là et lui dit encore : « *L'état de communauté est le seul juste, le seul bon ; hors de cet état il ne peut exister de sociétés paisibles et vraiment heureuses* ; je ne vois pas pourquoi ce peuple, qui veut nécessairement son bien, qui veut par conséquent tout ce qui est *juste et bon*, ne pourrait pas être amené à prononcer solennellement son vœu pour vouloir vivre dans le seul état de *société paisible et vraiment heureuse.*

Loin qu'on puisse dire, à l'époque où l'excès

de l'abus du droit de propriété est porté au dernier période ; loin qu'on puisse dire alors que cette fatale institution a des racines trop profondes, il me semble, au contraire, qu'elle perd le plus grand nombre de ses filaments, qui, ne liant plus ensemble les soutiens principaux, expose l'arbre au plus facile ébranlement. Faites beaucoup d'impropriétaires, abandonnez-les à la dévorante cupidité d'une poignée d'envahisseurs, les *racines de la fatale institution de la propriété ne sont plus inextirpables.* Bientôt les dépouillés sont portés à réfléchir et à reconnaître que c'est une grande vérité que les fruits sont à tous et la terre à personne, que nous sommes perdus pour l'avoir oublié ; que c'est une bien folle duperie de la part de la majorité des citoyens de rester l'esclave et la victime de l'oppression de la minorité ; qu'il est plus que ridicule de ne point s'affranchir d'un tel joug et de ne point embrasser l'état d'association seul juste, seul bon, seul conforme aux purs sentiments de la nature, l'état hors duquel il ne peut exister de sociétés paisibles et vraiment heureuses.

La Révolution française nous a donné preuves sur preuves que des abus, pour être anciens, n'étaient point indéracinables : qu'au contraire ce fut leur excès et la lassitude de leur longue existence qui en a sollicité plus impérativement la destruction. La Révolution nous a donné preuves sur preuves que le peuple français, pour être un grand et vieux peuple, n'est pas pour cela incapable d'adopter les plus grands changements dans ses institutions, de consentir aux plus grands sacrifices pour les améliorer. N'a-t-il pas tout changé depuis 89, excepté cette seule institution de la propriété ? Pourquoi cette seule exception, si justement on reconnaît qu'elle tombe sur ce qu'il y a de plus abusif, sur la plus déplorable création de nos fantaisies ?

L'ancienneté de l'abus arrêtera-t-elle ici plus que la même circonstance n'a pu faire pour tous les autres abus qui ont été renversés ?...

*(Tribun du peuple, II, 134-135,
n° 37, 30 frimaire an IV.)*

III

LA PROPAGANDE DES ÉGAUX

UNE BROCHURE DE PROPAGANDE

RÉPONSE A UNE LETTRE SIGNÉE M. V. [1]

> Egalité de fait, dernier
> but de l'art social.
> *Condorcet, tableau de l'es-*
> *prit humain, p. 329.*

Voyons à présent ce qu'on entend par égalité réelle. Elle a pour base deux conditions essentielles : *Travaux communs ; jouissances communes.*

D'abord, le travail étant une condition nécessaire sans laquelle l'association périrait, nul n'a pu s'y soustraire sans injustice ; celui qui l'a fait a diminué la richesse publique, ou a rejeté sa tâche sur son voisin.

Deux considérations puissantes viennent à l'appui de ce système ; 1° ce travail commun augmenterait les richesses de la Société qui, dans l'état actuel, ne peut compter que sur le travail utile d'une petite partie de ses membres ; 2° le travail réparti sur tous les sociétaires vali-

---

1. Cet écrit fut, selon Buonarroti (I, 129) distribué dans Paris, le 29 germinal an IV (18 avril 96).

des délivrerait d'un fardeau insupportable ceux
que nous avons condamnés exclusivement à la
fatigue et n'en transporterait aux autres qu'une
portion très faible qui bientôt deviendrait pour
tous une source de plaisir et d'amusement. Je
ne conçois pas comment on peut de bonne foi
regarder notre état comme le meilleur possible,
tandis que la grande masse du peuple vit plus
malheureusement que dans l'état de simple
nature. Voyez le sauvage : chasse-t-il, pêche-
t-il, cultive-t-il, le fruit de ses sueurs est tout à
lui, et il jouit de tout le bonheur qu'il connait.
Nos ouvriers journaliers, nos paysans, au contraire, loin de conserver la jouissance de leurs
productions et de goûter le bonheur dont notre
civilisation leur donne l'idée, sont obligés de
tout céder à des propriétaires avides et fai-
néants, et souffrent réellement la soif, la faim
et la rigueur des saisons.

Que chacun travaille pour la grande famille
sociale et que chacun en reçoive l'existence, les
plaisirs et le bonheur : voilà la voix de la nature ;
voilà l'état où l'égalité n'est pas une chimère et
où la liberté de chacun est solidement assurée.

Tu parles, citoyen M. V., d'abnégation de tous
les goûts, de tous les penchants, de l'égalité
qu'il y aurait entre la nourriture d'un artiste et
celle d'un savetier, et du dépérissement des
beaux-arts, comme des suites funestes du système d'égalité réelle, dont tu prétends prouver
par là l'absurdité. Cette objection prouve que tu
n'es pas à l'abri de nos vieux préjugés. Croire
que retourner à l'égalité soit devenir sauvage

et brutal, ce n'est pas en concevoir la constitution. Nous objecter l'hideux des abnégations, quand nous voulons mettre un terme aux privations incalculables et perpétuelles de la majorité des hommes ; quand nous voulons que le travail de chacun lui vaille une existence commode et agréable ; c'est ou ne pas comprendre ou se montrer le complice de ceux que la mollesse et la haine du travail rendent les ennemis de l'égalité.

Ce serait vraiment une horreur inouïe, monsieur M. V., que votre pain, votre viande, votre vin et vos habits sortissent du même magasin, et eussent le même goût que ceux d'un savetier ! Mais aussi, pourquoi la nature s'est-elle avisée de donner à ce sale animal un estomac et des sens comme les vôtres ? Malheureux ! quand vous nagez dans l'abondance, vous faut-il aussi le tableau des douleurs d'autrui pour compléter votre bonheur ?

Le prétendu dépérissement des métiers et des beaux-arts est encore une des réponses tranchantes de ces gens d'esprit qui voudraient faire croire que tout est perdu quand on leur arrache leurs distinctions, leurs privilèges et leur considération usurpée. Certes, si ce dépérissement devait avoir lieu, la masse du peuple qui est entièrement étrangère aux avantages des beaux-arts, n'en éprouverait pas un changement désagréable. Mais un pareil événement n'est pas à craindre ; et il est évident que les arts recevraient dans notre système d'égalité des accroissements d'utilité générale et une empreinte sublime conforme aux grands sentiments qu'une immense association d'heureux ferait nécessairement naître. Les citoyens seraient bien nourris, bien vêtus, bien amusés, sans inégalité, sans luxe ; la république seule serait riche, magnifique, toute puissante.

Quelques métiers, dont les produits servent à désennuyer une très petite portion de parasites et à pomper leurs masses énormes d'argent, céderaient, il est vrai, la place à d'autres qui augmenteraient le bonheur de la grande masse sociale. Mais quel est l'homme qui pourrait regretter cet heureux changement ? Les sciences et les beaux-arts débarrassés de l'aiguillon du besoin toujours renaissant, toujours gênant, l'homme de génie n'aurait plus d'autre guide que l'amour de la gloire, et secouant bientôt le joug de la flatterie et de l'égoïsme des Mécènes, son unique objet serait le bonheur du corps social.

Aux poèmes frivoles, à l'architecture mesquine, aux tableaux sans intérêt, on verrait succéder les cirques, les temples et les portiques sublimes, où le souverain, logé aujourd'hui plus mal que nos animaux, irait puiser dans les monuments et dans les ouvrages de la philosophie la doctrine, l'exemple et l'amour de la sagesse.

Dans ce plan enchanteur, dont je ne fais qu'esquisser les charmes, on trouverait la solution du problème : *Trouver un état où chaque individu, avec la moindre peine, puisse jouir de la vie la plus commode.*

Aussi les productions très variées de tous appartiendraient à la masse qui les distribuerait ensuite pour le plus grand bonheur de chacun. Tu vois donc, citoyen M. V., qu'il ne s'agit pas de condamner les hommes aux abnégations ; mais au contraire de diminuer les privations de la masse.

Tu dois aussi voir que, dans un pareil état, le déracinement de l'avidité faisant cesser les jalousies, les ruses et les méfiances, les hommes seraient réellement des frères, strictement intéressés à la conservation d'un ordre qui ferait le bonheur de tous.

Il était dû à la Révolution française de mettre à exécution les conceptions de la philosophie que l'on regardait naguère comme chimériques. Nous avons commencé ; finissons. Si nous nous arrêtions au point où nous nous trouvons, l'humanité n'aurait pas de grands remerciements à nous faire.

Pour passer de notre mauvais état à celui que je défends, il faut :

1° Réunir toutes les richesses actuelles sous la main de la République ;

2° Faire travailler tous les citoyens valides, chacun suivant sa capacité et ses habitudes actuelles ;

3° Utiliser les travaux, en rapprochant ceux qui s'aident mutuellement et en donnant une nouvelle direction à ceux qui sont uniquement l'effet de l'engorgement actuel des richesses ;

4° Réunir continuellement dans les dépôts

publics toutes les productions de la terre et de l'industrie ;

5° Distribuer également les productions et les plaisirs ;

6° Tarir la source de toute propriété, de tout commerce particulier et leur substituer une distribution sage, confiée à l'autorité publique ;

7° Établir des maisons communes d'éducation, où chacun s'accoutumerait au travail le plus conforme à ses forces et à ses penchants.

Ainsi, l'égoïsme ne serait plus le mobile de l'activité et du travail des individus, qui, quels que fussent la variété et l'usage de leurs productions, recevraient la même rétribution de nourriture, d'habillement, etc.

De cette conséquence nos riches tirent les deux objections suivantes :

1° Le besoin de s'alimenter et l'espoir d'améliorer son état sont les sources du travail et de la reproduction ; ce besoin et cet espoir détruits, le travail cesse, la reproduction se tarit, et la société périt.

2° Si toute espèce de travail reçoit la même récompense, il n'existe plus de motif pour se livrer aux recherches scientifiques qui amènent des découvertes utiles à la société.

Je réponds :

1° Il est facile de faire entendre à tout le monde qu'une très courte occupation journalière assurerait à chacun une vie plus agréable et débarrassée des inquiétudes dont nous sommes continuellement minés ; et celui qui travaille aujourd'hui jusqu'à l'épuisement pour avoir fort peu, consentirait sûrement à travailler peu pour avoir beaucoup.

Cette objection, d'ailleurs, repose entièrement sur l'idée douloureuse qu'on s'est formé du travail qui, sagement et universellement distribué, deviendrait, dans notre système, une occupation douce, amusante, à laquelle nul n'aurait ni envie, ni intérêt de se soustraire.

2° Il est, je crois, assez prouvé que les progrès des sciences tiennent plus à l'amour de la gloire qu'à l'avidité des biens ; et dans ce cas, notre société, vraiment philosophique, réunissant tous les moyens d'honorer bien décisivement et sans mélange ses bienfaiteurs, aurait droit d'y compter plus que nos associations corrompues, où le génie et la vertu méprisés et voués à l'indigence, voient presque toujours la sottise et le crime comblés de tous les biens.

J'en ai assez dit pour qu'en me lisant on se doute tout de bon que le principe d'avidité et d'égoïsme, qui forme la base de nos institutions, est détestable ; et que pour mettre un terme aux agitations, aux malheurs et aux tyrannies qui nous divisent et nous oppriment, il faut nous replacer dans un véritable état de société, où chacun, par sa mise égale, puisse en retirer un égal profit ; car tous les raisonnements des économistes ne pourront jamais convaincre les hommes de bon sens et de bonne foi, qu'il est souverainement juste que ceux qui ne font rien aient tout, et enchainent, avilissent et maltraitent ceux qui, faisant tout, n'ont presque rien.

Le citoyen M. V. oppose encore à notre système d'égalité la nécessité d'un gouvernement et la trop grande étendue de la République.

La réponse est facile :

Les personnes chargées de conserver ce système, dont les rouages seraient extrêmement simples, devraient être regardés comme des travailleurs nécessaires au bonheur commun ; et, ne pouvant jamais obtenir plus de jouissance que les autres citoyens trop intéressés à les surveiller, il ne serait pas à craindre qu'ils fussent tentés de conserver leur autorité au mépris de la volonté du peuple ;

2° Si toutes les difficultés que les préjugés opposent au travail et à la jouissance commune dans une petite peuplade, peuvent être facilement vaincues, rien ne s'oppose à ce qu'elles le soient de même dans une grande association comme la France. D'abord, quant au travail, on conçoit aisément comment tous les citoyens pourraient s'y livrer, chacun dans l'endroit où il serait placé et suivant la capacité du sol. Quant à la distribution égale des objets de consommation à toutes les communes de la République, ou à toutes celles qui pourraient y participer selon leurs rapports avec les différents climats, je ne vois pas pourquoi une autorité sage, débarrassée des obstacles qu'apporte aujourd'hui dans ces sortes d'opérations l'égoïsme avide des gouvernants et des gouvernés, ne pourrait pas l'exécuter avec plus de satisfaction pour les citoyens, livrés souvent, dans l'état actuel, à la disette par les calculs des spéculateurs.

Je vois dans un pareil ordre de choses :

1° Les arts, se placer, par la sagesse des institutions, là où ils pourraient être plus utiles ; et se rapprochant des agriculteurs, faire disparaître les grandes villes, réceptacle de tous les vices, et peupler la France de villages ornés d'une immensité d'habitants heureux, dont rien n'arrêterait la propagation ;

2° Les hommes, éclairés et habitués au travail par l'éducation commune, aimer la patrie plus qu'ils n'aiment aujourd'hui leurs familles ; et, délibérant avec connaissance de cause sur les affaires publiques, donner à l'univers le premier exemple de la démocratie et de la vertu défendues avec le courage du lion par une immense population ;

3° Les Français, sans monnaie, sans privations, sans ennui et sans envie d'amasser pour l'avenir, payant gaîment à la patrie le tribut commun, le travail, goûter les plaisirs de la nature, et passer le reste du temps dans les fêtes publiques, à la discussion des lois, et à l'instruction de la jeunesse ;

4° La société, délivrée des procès, des haines, des jalousies et de toutes les funestes suites de la propriété ;

5° La législation, rendue à des principes très simples, n'être plus que l'art d'augmenter les connaissances et les plaisirs de la société ;

6° La patrie en danger, trouver dans l'augmentation d'une demi-heure de travail par jour, plus de soldats et de ressources que ne peuvent en fournir aujourd'hui tous les financiers de l'Europe.

MANIFESTE DES ÉGAUX

PEUPLE DE FRANCE !

Pendant quinze siècles tu as vécu esclave, et par conséquent malheureux. Depuis six années tu respires à peine, dans l'attente de l'indépendance, du bonheur et de l'égalité.

L'ÉGALITÉ ! premier vœu de la nature, premier besoin de l'homme, et principal nœud de toute association légitime ! Peuple de France ! tu n'as pas été plus favorisé que les autres nations qui végètent sur ce globe infortuné !... Toujours et partout la pauvre espèce humaine, livrée à des anthropophages plus ou moins adroits, servit de jouet à toutes les ambitions de pâture, à toutes les tyrannies. Toujours et partout **on** berça les hommes de belles paroles : jamais et nulle part ils n'ont obtenu la chose avec le mot. De temps immémorial on nous répète avec hypocrisie, *les hommes sont égaux* ; et de temps immémorial la plus avilissante comme la plus monstrueuse inégalité pèse insolemment sur le genre humain. Depuis qu'il y a des sociétés civiles, le plus bel apanage de l'homme est sans contradiction reconnu, mais n'a pu encore se réaliser une seule fois : l'égalité ne fut autre chose qu'une belle et stérile fiction de la loi. Aujourd'hui qu'elle est réclamée d'une voix plus forte, on nous répond : Taisez-vous, misérables ! l'égalité de fait, n'est qu'une chimère ; contentez-vous de l'égalité conditionnelle : vous êtes tous égaux devant la loi. Canaille que te faut-il de plus ? — Ce qu'il nous faut de plus ? Législateurs, gouvernants, riches propriétaires, écoutez à votre tour.

Nous sommes tous égaux, n'est-ce pas ? Ce principe demeure incontesté, parce qu'à moins d'être atteint de folie, on ne saurait dire sérieusement qu'il fait nuit quand il fait jour.

Eh bien ! nous prétendons désormais vivre et mourir égaux comme nous sommes nés : nous voulons l'égalité réelle ou la mort : voilà ce qu'il nous faut.

Et nous l'aurons cette égalité réelle, n'importe à quel prix. Malheur à ceux que nous rencontrerons entre elle et nous ! Malheur à qui ferait résistance à un vœu aussi prononcé !

La révolution française n'est que l'avant-courrière d'une autre révolution bien plus grande, bien plus solennelle, et qui sera la dernière.

Le peuple a marché sur le corps aux rois et aux prêtres coalisés contre lui : il en fera de même aux nouveaux tyrans, aux nouveaux tartuffes politiques assis à la place des anciens.

Ce qu'il nous faut de plus que l'égalité des droits ?

Il nous faut non pas seulement cette égalité transcrite dans la Déclaration des droits de l'homme et du citoyen, nous la voulons au milieu de nous, sous le toit de nos maisons. Nous consentons à tout pour elle, *à faire table rase pour nous en tenir à elle seule.* Périssent, s'il le faut, tous les arts, pourvu qu'il nous reste l'égalité réelle !

Législateurs et gouvernants qui n'avez pas plus de génie que de bonne foi, propriétaires riches et sans entrailles, en vain essayez-vous de neutraliser notre sainte entreprise en disant : Ils ne font que reproduire cette loi agraire demandée plus d'une fois déjà avant eux.

Calomniateurs, taisez-vous à votre tour, et, dans le silence de la confusion, écoutez nos prétentions dictées par la nature et basées sur la justice.

La loi agraire ou le partage des campagnes fut le vœu instantané de quelques soldats sans principes, de quelques peuplades mues par leur instinct plutôt que par la raison. Nous tendons à quelque chose de plus sublime et de plus équitable, LE BIEN COMMUN ou la COMMUNAUTÉ DES BIENS ! Plus de propriété individuelle des terres, *la terre n'est à personne*. Nous réclamons, nous voulons la jouissance communale des fruits de la terre : *les fruits sont à tout le monde*.

Nous déclarons ne pouvoir souffrir davantage que la très grande majorité des hommes travaille et sue au service et pour le bon plaisir de l'extrême minorité.

Assez et trop longtemps moins d'un million d'individus dispose de ce qui appartient à plus de vingt millions de leurs semblables, de leurs égaux.

Qu'il cesse enfin, ce grand scandale que nos neveux ne voudront pas croire ! Disparaissez enfin, révoltantes distinctions de riches et de pauvres, de grands et de petits, de maîtres et de valets, de *gouvernants et de gouvernés.*

Qu'il ne soit plus d'autre différence parmi les hommes que celles de l'âge et du sexe. Puisque tous ont les mêmes besoins et les mêmes facultés, qu'il n'y ait donc plus pour eux qu'une seule éducation, une seule nourriture. Ils se contentent d'un seul soleil et d'un même air pour tous : pourquoi la même portion et la même qualité d'aliments ne suffiraient-ils pas à chacun d'eux ?

Mais déjà les ennemis d'un ordre de choses le plus naturel qu'on puisse imaginer, déclament contre nous.

Désorganisateurs et factieux, nous disent-ils, vous ne voulez que des massacres et du butin.

PEUPLE DE FRANCE,

Nous ne perdrons pas notre temps à leur répondre ; mais nous te dirons : la sainte entreprise que nous organisons n'a d'autre but que de mettre un terme aux dissensions civiles et à la misère publique.

Jamais plus vaste dessein n'a été conçu et mis à exécution. De loin en loin quelques hommes de génie, quelques sages, en ont parlé d'une voix basse et tremblante. Aucun d'eux n'a eu le courage de dire la vérité toute entière.

Le moment des grandes mesures est arrivé. Le mal est à son comble ; il couvre la face de la terre. Le chaos, sous le nom de politique, y règne depuis trop de siècles. Que tout rentre dans l'ordre et reprenne sa place.

A la voix de l'égalité, que les éléments de la justice et du bonheur s'organisent.

L'instant est venu de fonder la RÉPUBLIQUE DES ÉGAUX, ce grand hospice ouvert à tous les hommes. Les jours de la restitution générale sont arrivés. Familles gémissantes, venez vous asseoir à la table commune dressée par la nature pour tous ses enfants.

PEUPLE DE FRANCE,

La plus pure de toutes les gloires t'était donc réservée! Oui, c'est toi qui le premier dois offrir au monde ce touchant spectacle.

D'anciennes habitudes, d'antiques préventions voudront de nouveau faire obstacle à l'établissement de la RÉPUBLIQUE DES ÉGAUX. L'organisation de l'égalité réelle, la seule qui réponde à tous les besoins, sans faire de victimes, sans coûter de sacrifices, ne plaira peut-être point d'abord à tout le monde.

L'égoïste, l'ambitieux frémira de rage. Ceux qui possèdent injustement crieront à l'injustice. Les jouissances exclusives, les plaisirs solitaires, les aisances personnelles, causeront de vifs regrets à quelques individus blasés sur les peines d'autrui. Les amants du pouvoir absolu, les vils suppôts de l'autorité arbitraire ploieront avec peine leurs chefs superbes sous le niveau de l'égalité réelle. Leur vue courte pénétrera difficilement dans le prochain avenir du bonheur commun ; mais que peuvent quelques milliers de mécontents contre une masse d'hommes tous heureux et surpris d'avoir cherché si longtemps une félicité qu'ils avaient sous la main ?

Dès le lendemain de cette véritable révolution, ils se diront tout étonnés : « Eh quoi ! le bonheur commun tenait à si peu ! Nous n'avions qu'à le vouloir. Ah ! pourquoi ne l'avons-nous pas voulu plus tôt ? Fallait-il donc nous le faire dire tant de fois ? Oui, sans doute, un seul homme sur la terre plus riche, plus puissant que ses semblables, que ses égaux, l'équilibre est rompu : le crime et le malheur sont sur la terre.

PEUPLE DE FRANCE,

A quel signe dois-tu donc reconnaître désormais l'excellence d'une constitution ?... Celle qui tout entière repose sur l'égalité de fait est la seule qui puisse te convenir et satisfaire à tous tes vœux.

Les chartes aristocratiques de 1791 et de 1795 rivaient tes fers au lieu de les briser. Celle de 1793 était un grand pas de fait vers l'égalité réelle : on n'en avait pas encore approché de si près ; mais elle ne touchait pas encore le but et n'abordait point le bonheur commun, dont pourtant elle consacrait solennellement le grand principe.

PEUPLE DE FRANCE,

Ouvre les yeux et le cœur à la plénitude de la félicité : reconnais et proclame avec nous la RÉPUBLIQUE DES ÉGAUX.

ANALYSE DE LA DOCTRINE DE BABEUF

Proscrit par le Directoire exécutif pour avoir dit la vérité

1. — La nature a donné à chaque homme un droit égal à la jouissance de tous les biens.

2. — Le but de la société est de défendre cette égalité, souvent attaquée par le fort et le méchant dans l'état de nature, et d'augmenter, par le concours de tous, les jouissances communes.

3. — La nature a imposé à chacun l'obligation de travailler ; nul n'a pu, sans crime, se soustraire au travail.

4. — Les travaux et les jouissances doivent être communs.

5. — Il y a oppression quand l'un s'épuise par le travail et manque de tout, tandis que l'autre nage dans l'abondance sans rien faire.

6. — Nul n'a pu, sans crime, s'appropier exclusivement les biens de la terre ou de l'industrie.

7. — Dans une véritable société, il ne doit y avoir ni riches ni pauvres.

8. — Les riches qui ne veulent pas renoncer au superflu en faveur des indigents sont les ennemis du peuple.

9. — Nul ne peut, par l'accumulation de tous les moyens, priver l'autre de l'instruction nécessaire pour son bonheur : l'instruction doit être commune.

10. — Le but de la révolution est de détruire l'inégalité et de rétablir le bonheur commun.

11. — La révolution n'est pas finie, parce que les riches absorbent tous les biens et commandent exclusivement, tandis que les pauvres travaillent en véritables esclaves, languissent dans la misère et ne sont rien dans l'État.

12. — La constitution de 1793 est la véritable loi des Français, parce que le peuple l'a solennellement acceptée.

CHANSON NOUVELLE A L'USAGE DES FAUBOURGS[1]

Air : *C'est ce qui me désole.*

Mourant de faim, mourant de froid,
Peuple dépouillé de tout droit,
   Tout bas tu te désoles ; (*bis*)
Cependant le riche effronté,
Qu'épargna jadis ta bonté,
   Tout haut il se console. (*bis*)

Gorgés d'or, des hommes nouveaux,
Sans peines, ni soins, ni travaux,
   S'emparent de la ruche : (*bis*)
Et toi, peuple laborieux,
Mange, et digère, si tu peux,
   Du fer, comme l'autruche. (*bis*)

Evoque l'ombre des Gracchus,
Des Publicola, des Brutus ;
   Qu'ils te servent d'enceinte ! (*bis*)
Tribun courageux, hâte-toi,
Nous t'attendons : trace la loi
   De l'*Egalité* sainte. (*bis*)

Oui, tribun, il faut en finir.
Que tes pinceaux fassent pâlir
   Luxembourg et Vérone ![2] (*bis*)

1. Par Sylvain Maréchal.
2. Le Directoire et les royalistes de Vérone

Le règne de l'*Egalité*
Ne veut, dans sa simplicité,
    Ni panaches, ni trônes ! (*bis*)

Certes ; un million d'opulents
Retient depuis assez longtemps
    Le peuple à la glandée : (*bis*)
Nous ne voulons, dans le faubourg,
Ni les chouans du Luxembourg,
    Ni ceux de la Vendée. (*bis*)

O vous, machines à décrets,
Jetez dans le feu, sans regrets,
    Tous vos plans de finance : (*bis*)
Pauvres d'esprit, ah ! laissez-nous :
L'*Egalité* saura sans vous
    Ramener l'abondance. (*bis*)

Le Directoire exécutif
En vertu du droit plumitif,
    Nous interdit d'écrire : (*bis*)
N'écrivons pas ; mais que chacun,
Tout bas, pour le *bonheur commun*
    En bon frère conspire. (*bis*)

Un double Conseil sans talents,
Cinq directeurs toujours tremblants
    Au nom seul d'une pique : (*bis*)
Le soldat choyé, caressé,
Et le démocrate écrasé :
    Voilà la République. (*bis*)

Hélas! du bon peuple aux abois
Fiers compagnons, vainqueurs des rois,
     Soldats couverts de gloire! (*bis*)
Las! on ne vous reconnaît plus.
Eh! quoi! seriez-vous devenus
     Les gardes du Prétoire? (*bis*)

Le peuple et le soldat unis
Ont bien su réduire en débris
     Le trône et la Bastille : (*bis*)
Tyrans nouveaux, hommes d'Etat,
Craignez le peuple et le soldat
     Réunis en famille. (*bis*)

Je m'attends bien que la prison
Sera le prix de ma chanson;
     C'est ce qui me désole; (*bis*)
Le peuple la saura par cœur;
Peut-être il bénira l'auteur;
     C'est ce qui me console. (*bis*)

AUTRE CHANSON DES ÉGAUX

Un code infâme a trop longtemps
Asservi les hommes aux hommes ;
Tombe le règne des brigands !
Sachons enfin où nous en sommes.

Réveillez-vous à notre voix
Et sortez de la nuit profonde,
Peuples ! ressaisissez vos droits,
Le soleil luit pour tout le monde.

Refrain général

Tu nous créas pour être égaux,
Nature, ô bienfaisante mère !
Pourquoi des biens et des travaux
L'inégalité meurtrière ?
Réveillez-vous, etc.

Pourquoi mille esclaves rampants
Autour de quatre à cinq despotes ?
Pourquoi des petits et des grands ?
Levez-vous, braves sans-culottes.
Réveillez-vous, etc.

Dans l'enfance du genre humain,
On ne vit point d'or, point de guerre,
Point de rang, point de souverain :
Point de luxe, point de misère !

La sainte et douce égalité
Remplit la terre et la féconde ;
Dans ces jours de félicité,
Le soleil luit pour tout le monde.

Tous s'aimaient, tous vivaient heureux,
Goûtant une commune aisance ;
Les regrets, les débats honteux
N'y troublaient point l'indépendance.
Réveillez-vous, etc.

Hélas ! bientôt l'ambition,
En s'appuyant sur l'imposture,
Osa de l'usurpation
Méditer le plan et l'injure.
Réveillez-vous, etc.

On vit des princes, des sujets,
Des opulents, des misérables,
On vit des maîtres, des valets ;
La veille, tous étaient semblables.
Réveillez-vous, etc.

Du nom de lois et d'instituts
On revêt l'affreux brigandage ;
On nomme crime les vertus,
Et la nécessité pillage.
Réveillez-vous, etc.

D'un trop léthargique sommeil,
Peuples, rompez l'antique charme
Par le plus terrible réveil,
Au crime heureux portez l'alarme.

Prêtez l'oreille à notre voix,
Et sortez, etc.

TABLE DES MATIÈRES

I. — LE DROIT NATUREL

II. — LE COMMUNISME DANS LA RÉVOLUTION

III. — LA PROPAGANDE DES EGAUX

Ce volume a été composé et tiré par des ouvriers syndiqués.

Pithiviers. — Imp. L. Gauthier.

BIBLIOTHÈQUE SOCIALISTE

N° 36. PAUL LOUIS

LE COLONIALISME

www.ingramcontent.com/pod-product-compliance
Lightning Source LLC
LaVergne TN
LVHW012208170726
843503LV00005B/1942